हिमाचल
का
बाल साहित्य

पवन चौहान

डायमंड बुक्स
www.diamondbook.in

प्रकाशक : डायमंड पॉकेट बुक्स प्रा. लि.
X-30, ओखला इंडस्ट्रियल एरिया, फेज-II
नई दिल्ली-110020

फोन : 011-40712200
ई-मेल : wecare@diamondbooks.in
वेबसाइट : www.diamondbooks.in
संस्करण : तृतीय संस्करण, 2024

HIMACHAL KA BAL SAHITYA

By : Pawan Chauhan

हिमाचल के उन बाल साहित्यकारों के लिए
जिन्होंने हिमाचल की बाल साहित्य
भूमि को उर्वर बनाया

अनुक्रमणिका

गद्य खंड

पद्य खंड

अपनी बात

'बाल साहित्य'- ये वे दो शब्द हैं जो हमें कोमल अहसासों, अनगिनत अठखेलियों, शरारतों, तोतलेपन से लेकर रूठने-मनाने, हँसने-खेलने, दौड़ने-भागने, नाचने-गाने, अचरज में भर लेने वाले ढेरों प्रश्नों आदि बहुत-सी क्रियाओं, किस्सों, संवेदनाओं की दुनिया में ले जाते हैं। जब इन्हीं संवेदनाओं, क्रियाओं, किस्सों को कलमबद्ध कर दिया जाता है तो ये सारे शब्द हमें फिर बाल मनोविज्ञान की कई परतों से गुजारते हुए बच्चों और बचपन के बहुत करीब ले जाते हैं। यह सभी अहसास बाल साहित्य को बहुत गहरे तक सींचते हैं। इन्हीं अहसासों को विश्वभर के साहित्यकारों ने अपने देशकाल की माँग के अनुसार बाल मनोविज्ञान को गहराई से समझते हुए अपनी रचनाओं में उतारा है। यह सृजन आज भी निरंतर जारी है। मकसद सबका एक ही है- बच्चों की ऊर्जा को सकारात्मक दृष्टिकोण सौंपना। यदि हम सृजन की इस यात्रा को विश्व से भारत और भारत से एक पहाड़ी प्रदेश हिमाचल की ओर लेकर चलें तो कहा जा सकता है कि हिमाचल में भी बाल साहित्य की हर विधा यथा बाल कहानी, कविता, गीत, उपन्यास, नाटक, एकांकी, पहेलियों आदि में बेहतरी से सृजन हुआ है। इस बात की गवाह, इन साहित्यकारों द्वारा अपने-अपने समय अंतराल में लिखी गई रचनाएँ हैं।

इस सृजन के बावजूद भी हिमाचल का बाल साहित्य पूर्ण रूप से पाठकों की नजर में नहीं आ सका है। इसका एक कारण मीडिया का उस समय का सीमित विस्तार और किसी भी ऐसी पुस्तक का न होना रहा है जो इन साहित्यकारों की रचनाशीलता को पाठकों, शोधार्थियों तक ले जाती। हिमाचल के बाल साहित्य के लिए यह सबसे दुखद पहलु रहा है। जिस कारण जब भी हिमाचल के बाल साहित्य पर बात होती है तो जैसे हर तरफ चुप्पी-सी पसर जाती है। इसी चुप्पी को कुछ वर्ष पहले तोड़ने का मन बना।

लगा कि हिमाचल के बाल साहित्य पर कुछ लिखा जाए। मुझे यह कार्य बहुत आसान लगा लेकिन जब हिमाचल के बाल साहित्य की पड़ताल शुरू की तो कोई भी सन्दर्भ पुस्तक या लिखित जानकारी कहीं से भी उपलब्ध नहीं हो सकी। यह परेशानी वाली बात थी। फिर यहाँ-वहाँ से संपर्क का सिलसिला शुरू हुआ। जिस कार्य को मैंने आसान समझकर करने की सोची थी, वह अब मेरे लिए टेढ़ी खीर जैसा हो गया था। हिमाचल के बाल साहित्य पर कोई तसल्लीबख्श जानकारी कहीं से नहीं मिल सकी। गूगल भी फेल हो गया था। मेरे लिए अब यह कार्य एक चुनौती बन चुका था। मैं उस समय बाल साहित्य में नया-नया था। ज्यादा किसी को नहीं जानता था लेकिन बाल साहित्यकारों की खोजबीन का यह सिलसिला रुका नहीं बल्कि आगे ही बढ़ता रहा। आज हिमाचल के हर बाल साहित्यकार के संपर्क में हूँ। इससे बहुत खुशी और सुकून मिलता है। इस कार्य में समय-समय पर हमारे कई साहित्यकार साथियों ने हर सम्भव सहायता की। उनका मैं हमेशा आभारी रहूँगा।

इस कार्य को एक बहाने से तब पंख लगे और जब इसे पुस्तकाकार रूप में लाने का मन बना। फिर क्या था! हो गया कोरोना के इस मुश्किल दौर में हिमाचल के बाल साहित्यकारों की सही से जानकारी जुटाने का कार्य शुरू और एक लंबे इंतजार के बाद हिमाचल के बाल साहित्य पर एक पुस्तक तैयार हो गई। उम्मीद है यह पुस्तक हिमाचल के बाल साहित्य को समझने में अवश्य मदद करेगी। इस पुस्तक में हिमाचल के सभी बाल साहित्यकारों और उनके बाल साहित्य में योगदान को हर तरह से प्रस्तुत करने की पूरी कोशिश की गई है। इस कोरोना काल में हर बाल साहित्यकार और उनके परिवार से व्यक्तिगत तौर पर संपर्क हुआ। माध्यम चाहे कोई भी रहा। साहित्यकारों के पूर्ण विवरण के साथ उनकी रचनाओं पर हर संभव जानकारी इस पुस्तक में शामिल करने की कोशिश की है। यहाँ बता देना जरूरी समझता हूँ कि इस पुस्तक में सन् 1950 से अब तक की रचनाशीलता को शामिल किया गया है। हर समय अंतराल के अनुरूप साहित्यकारों ने अपना सृजन किया है इसलिए पाठक यहाँ हर कालखंड की रचनाओं का स्वाद ले सकेंगे। इस कोरोना काल में मुझे जितनी भी रचनाएँ पढ़ने को मिल पाईं उसमें से हर संभव कोशिश रही कि पाठकों

तक अच्छी रचनाएँ पहुँचे। पद्य खंड में छंदों का अक्षरशः ध्यान न रखते हुए सिर्फ बालमन की कोमल भावनाओं को अधिमान दिया है। यदि किन्हीं कारणों से किसी साहित्यकार साथी की रचनाएँ बार-बार कहने के बावजूद या संपर्क के हर साधन अपनाने के बाद भी मुझ तक पहुँच नहीं पाई और इस पुस्तक में शामिल न हो सकीं तो उनके सहयोग न करने के उपरांत भी खेद प्रकट करता हूँ। इसके अलावा, भरसक प्रयत्न करने के बाद भी किसी बाल साहित्यकार का नाम इस पुस्तक में शामिल न हो सका हो तो सूचित करने की कृपा करें ताकि आगामी संस्करण में उनका नामोलेख यथास्थल किया जा सके।

हिमाचल प्रदेश के बाल साहित्यकारों पर संभवतः इस पहली पुस्तक को साकार रूप देने में आदरणीय वरिष्ठ कहानीकार डॉ. सुशील कुमार 'फुल्ल' जी और लोक साहित्यकार व लघुकथाकार कृष्ण चन्द्र महादेविया जी का बहुत सहयोग रहा है। उनके मार्गदर्शन में मुझे इस कार्य को करते हुए बहुत संबल मिलता रहा। कभी जब बीच में इस किताब पर काम करने का मन टूटा तो यही मुझे हौसला देते रहे। इन सबके साथ मैं अपनी पत्नी अंजू, अपने दोनों बच्चों अंतरिक्ष और आस्था का भी आभारी हूँ जिन्होंने मुझे इस किताब को पूरा करने में हर संभव समय दिया। आज यह पुस्तक आप पाठकों और शोधार्थियों के हाथों में है। बाकी क्या कहूँ! इस पुस्तक पर आपकी प्रतिक्रियाओं और सुझावों का हमेशा स्वागत रहेगा।

आपका

पवन चौहान

हिमाचल के बाल साहित्य की विकास यात्रा

हिमाचल प्रदेश एक पहाड़ी क्षेत्र होने के साथ अपने में प्राकृतिक सौंदर्य का अनमोल खजाना लिए हुए है। यहाँ की बर्फ से ढकी उज्जवल पहाड़ियाँ, वृक्षों की हरियाली, फलों की मिठास और आम जनमानस का स्नेहिल, मृदुल व्यवहार, यहाँ की समृद्ध सांस्कृतिक धरोहर किसी को भी अपना दीवाना बना देती है। कई पर्वत श्रृंखलाओं से घिरा इसका बहुत सारा क्षेत्र किसी भी व्यक्ति के मन में रोमांच भर देता है। प्राचीन समय में इसका कठिन पहाड़ी जीवन, टेढ़ी-मेढ़ी, ऊँची-नीची, समतल व खतरनाक इलाकों से गुजरती पगडंडियों का रोजाना का सफर; पशुपालन, मीलों दूर तक पैदल चलकर खानी नमक लाना, जंगल-जंगल भेड़-बकरियाँ व अन्य पशु चराना, राजाओं व अंग्रेजों की बगार और हाड़ तोड़ परिश्रम, मैदानों में ग्रामीणों द्वारा जलावन की लकड़ी, घास-पात व जंगली झाड़ू तथा फल आदि लाना वगैरह-वगैरह; यही यहाँ के जनमानस की दिनचर्या का हिस्सा था। ठेठ ग्रामीण परिवेश और अपने इलाके के आसपास ही अंतिम साँस तक का सामाजिक दायरा, बाहरी दुनिया से बेखबर अपनी ही मस्ती, अपने सुख-दुःख तथा जिंदगी के हर रंग में अपने को ढालकर यहाँ का जनमानस जीवन के हर हिस्से को निभाता रहा है। इसमें बच्चे भी अपने बड़ों के संग कदम से कदम मिलाकर उनकी उंगली थामे चलते रहे।

अब जब बच्चों की बात चल पड़ी है तो उनके मनोरंजन की बात भी अवश्य होगी ही। और यही सब बाल साहित्य का एक अहम हिस्सा भी है। हिमाचल के सन्दर्भ में यदि बाल साहित्य की बात कहें तो हम अपनी बात को 20वीं सदी के मध्य भाग यानी सन् 1950 और उससे पहले के समय से शुरू कर आगे बढ़ते हुए वर्तमान समय तक लेकर चलेंगे। बाल साहित्य

जहाँ बच्चों के मनोरंजन का साथी है वहीं उनके विकास का निरंतर घूमने वाला पहिया भी है। उस मुश्किल दौर में हिमाचल में बड़ों के मनोरंजन के साधन यदि लोकगीत, लोकनृत्य, रामलीला, महाभारत या फिर लोकनाट्यों का मंचन आदि रहा तो बालमन के मनोरंजन के लिए जो कुछ विशेष रह जाता था, वह था लोक कथाएं, पहेलियां और उनके अपने खेल। यही उस समय का बाल साहित्य था। खेल तो ज्यादातर दिन में ही खेल लिए जाते थे लेकिन दिनभर की थकान के बाद, अँधेरा होते ही दीयों या लैंप की रोशनी में अपनी ही तरह की सुबह कर देता था लोक कथाओं और पहेलियों का जादू। उस समय अपने बुजुर्गों से बच्चों की यही एक माँग रहती थी। यह कार्य अपनी सुविधानुसार चूल्हे के पास बैठकर या फिर सोते समय, मिलकर मक्की से दाना निकालते हुए या फिर 'ज्वारी' के समय पूरा किया जाता था। ये पल बच्चों के लिए सबसे मनोरंजक होते थे। रहस्य, रोमांच और कई प्रकार की कल्पनाओं से सजे हुए। पहाड़ के जो इलाके कई-कई महीनों बर्फ से ढके रहते, वहाँ भी यह कार्य निरंतर इसी रूटीन में जारी रहता था। यही था उस समय का हिमाचल का बाल साहित्य। बिलकुल मौखिक। जहाँ तक जानकारी उपलब्ध हो पाती है हिमाचल में यह बाल साहित्य सन् 1950 तक संभवत: मौखिक रूप में ही रहा। सन् 1950 के अंतिम वर्षों तक हिमाचल में लिखित बाल साहित्य के बीज बोने शुरू हो गए थे जिसका अंकुरण सन् 1950 के बाद हुआ। यह समय राजा-रानी, भूत-प्रेत, जादू-टोना, तिलिस्म, परी कथाओं, पहेलियों, धार्मिक कथाओं, पौराणिक किस्सों या फिर अपने इलाके की किसी रोचक घटना आदि के सुनने-सुनाने का ही रहा।

प्रारंभिक काल

सन् 1950 से सन् 1975 तक के अंतराल को हम हिमाचल के बाल साहित्य का 'प्रारंभिक काल' माने तो गलत न होगा। इस समय हिमाचल से बाल साहित्य के प्रकाशन की शुरुआत हो चुकी थी। यह कहना उचित होगा कि इस समय बाल साहित्य की नींव तैयार की जा रही थी और इसके दो नींवकार थे संतराम वत्स्य तथा डॉ. मस्तराम कपूर जी। डॉ. मस्तराम कपूर के लेखन की शुरुआत सन् 1951 में बाल साहित्य लेखन से ही हुई। उनकी

प्रथम बाल कहानी 'बहन' शीर्षक से नवभारत टाइम्स में प्रकाशित हुई थी। संतराम वत्स्य की बाल साहित्यिक रचनाओं के प्रकाशन का समय भी सन् 1950 के बाद का ही रहा। इन सब बातों को देखते हुए आसानी से कहा जा सकता है कि हिमाचल में लिखित बाल साहित्य का बीज अब अंकुरित हो चुका था। इन दोनों साहित्यकारों ने इसके बाद खूब बाल साहित्यिक सृजन किया। संतराम वत्स्य ने जहाँ पशु-पक्षी, परी कथाओं, लोक कथाओं, नीति कथाओं, धर्म कथाओं, बोध कथाओं, चरित्र निर्माण की कहानियाँ तथा पौराणिक कथाओं आदि को अपने बाल लेखन का हिस्सा बनाया वहीं डॉ. मस्तराम कपूर ने अपने लेखन की शुरुआत बाल साहित्य से ही करके बाल कहानी, बाल उपन्यास तथा बाल नाटक के माध्यम से बालमन को करीबी से पकड़ा। इन दोनों साहित्यकारों ने इस समय अंतराल में बाल साहित्य की विभिन्न विधाओं के अंतर्गत बहुत-सी किताबें लिखीं। यह सिलसिला यहाँ रुका नहीं बल्कि आगे बढ़ता रहा। इनके साथ फिर और साहित्यकार जुड़ते रहे। इसमें इनके सहचर बने यशवीर धर्माणी, ध्रुव कपूर, डॉ. गौतम शर्मा 'व्यथित', डॉ. सुशील कुमार फुल्ल और डॉ. प्रत्यूष गुलेरी आदि। डॉ. गौतम शर्मा 'व्यथित' के बाल कविता व गीत सन् 1957 में वीर प्रताप में प्रकाशित हुए। डॉ. सुशील कुमार फुल्ल की पहली बाल कहानी सन् 1962 में लुधियाना की लाहौर बुक शॉप से प्रकाशित होने वाली पत्रिका 'बाल लीला' में 'वर्षगाँठ' शीर्षक से प्रकाशित हुई। ध्रुव कपूर तथा डॉ. प्रत्यूष गुलेरी ने कविताएं लिखीं तथा यशवीर धर्माणी ने बाल कविता और बाल कहानी दोनों में अपना लेखन किया।

हिमाचल के बाल साहित्य की यह शुरुआत बहुत बेहतर ढंग से हुई। इस दौर में डॉ. मस्तराम कपूर ने हिन्दी बाल साहित्य को एक नया आयाम दिया जब उन्होंने बाल साहित्य को अपने शोध का विषय चुना। इनके शोध का विषय था 'हिंदी बाल साहित्य का विवेचनात्मक अध्ययन'। यह शोध कार्य इन्होंने सरदार पटेल विश्वविद्यालय, वल्लभ विद्यानगर, गुजरात से पूर्ण किया। इस शोध प्रबंध में लिखे अपने लेखकीय वक्तव्य में डॉ. मस्तराम कपूर लिखते हैं- "यह शोध कार्य सन् 1966 के आस-पास शुरू हुआ था और मार्च, 1968 में प्रस्तुत किया गया था।" मस्तराम कपूर जी की सुपुत्री श्रीमती मंजू जी से मिली जानकारी के अनुसार इस शोध कार्य को 15 दिसंबर,

1969 को स्वीकृति मिल गई थी। इस शोध ने बाल साहित्य के विकास के कई रास्ते खोल दिए थे। हिमाचल ही नहीं पूरे हिन्दी बाल साहित्य का इनके इस कार्य से बहुत सम्मान बढ़ा। खासकर, हिमाचल के लिए यह अविस्मरणीय मौका था। इस समय अंतराल में संतराम वत्स्य जी के कहानी संग्रह 'तिल का ताड़' (1957), 'देश-देश की लोक कथाएं' (1969), 'देशप्रेम की कहानियाँ' (1969), 'छात्र जीवन की कहानियाँ' (1970), 'बालसभा' (1970), 'बोध कथाएं' (1971), 'बाल कथा सरोवर-3' और 'बाल कथा सरोवर-4' (1974), 'सीख की कहानियाँ' (1974), 'चरित्र निर्माण की कहानियाँ' (1975) (द्वितीय संस्करण); उपन्यास 'उड़ने वाला गलीचा' (1971), 'कठपुतला' (1972), 'भिखारी और राजकुमार' (1973), 'मंझली दीदी' (1975); नाटक संग्रह 'मिर्च मिठाई' (1966); प्रेरक प्रसंग 'बड़ों का बचपन' (1961) आदि अन्य पुस्तकें प्रकाशित हो चुकी थीं। इसके साथ ही डॉ. मस्तराम कपूर की बाल कहानियों की पुस्तकें 'मुँह माँगा इनाम' (1968), 'निर्भयता का वरदान' (1969), 'दंड का पुरस्कार' (1969), 'सहेली' (1970), 'चोर की तलाश' (1973), 'ऐंगा-बैंगा' (1973), दो बाल उपन्यास 'नीरू और हीरु' (1971), 'सपेरे की लड़की' (1973) तथा तीन किताबें नाटक व एकांकी यथा 'स्पर्धा' (संपूर्ण नाटक) (1955), 'बच्चों के नाटक' (1970), 'पाँच बाल एकांकी' आदि भी प्रकाशित होकर आ गई थी। डॉ. सुशील कुमार फुल्ल का बाल उपन्यास 'टकराती लहरें' भी इसी अंतराल में प्रकाशित होकर आया। सन् 1950 से सन् 1975 के इस अंतराल में बेशक चुनिंदा साहित्यकारों ने ही बाल सहित्य का हाथ थामा लेकिन इन साहित्यकारों ने अपनी बाल कहानी, कविता, उपन्यास, नाटक, एकांकी आदि विधाओं में बेहतर रचकर हिमाचल के बाल साहित्य की नींव को मजबूती प्रदान कर दी थी।

स्वर्णिम काल

यदि सन् 1975 से सन् 2000 के मध्य के कालखंड को हिमाचल के बाल साहित्य का 'स्वर्णिम काल' कहा जाए तो कोई अतिश्योक्ति नहीं होगी। यह वह समय था जब हिमाचल में बाल साहित्य लिखने वालों की भीड़-सी लग गई थी। सब साहित्यकारों ने अपने-अपने तरीके से बेहतर से बेहतर रचने

की कोशिश की। हिमाचल का बाल साहित्य अब देशभर की विभिन्न बाल पत्र-पत्रिकाओं में प्रकाशित होने लग पड़ा था। इस बाल साहित्य परिवार ने अब अपना विस्तार कर लिया था। प्रारंभिक काल के साहित्यकार इस परिवार के अग्रज के रूप में निरंतर कार्य कर ही रहे थे लेकिन अब इस परिवार में राम प्रसाद शर्मा 'प्रसाद', महर्षि गिरिध्रर योगेश्वर, डॉ. राम मूर्ति वासुदेव 'प्रशांत', सैन्नी अशेष, डॉ. पीयूष गुलेरी, कृष्णा अवस्थी, डॉ. मनोहर लाल, प्रेमलता वात्स्यायन, संसार चंद प्रभाकर, शशिकांत शास्त्री, संतोष शैलजा, सुदर्शन डोगरा, किशोरी लाल वैद्य, हेमकांत कात्यायन, रमेश चन्द्र शर्मा, रतन चंद रत्नेश, प्रेम सागर कालिया, केशवचंद्र, मोती लाल घई, हरिकृष्ण मुरारी, आशा शैली, सुदर्शन वशिष्ठ, अशोक सरीन, डॉ. बंशी राम, मौलू राम ठाकुर, प्रभात कुमार, अमरदेव अंगिरस, अमर सिंह 'शौल', गुरमीत बेदी, खुशीराम गौतम, नरेंद्र अरुण, शम्मी शर्मा, प्रकाश चंद, राम कृष्ण कौशल, करमचंद श्रमिक, आर. के. वशिष्ठ, राजकुमार शर्मा, ओ. पी. सौंधी, कृष्ण कुमार सिंह 'नूतन', राजेन्द्र पालमपुरी, शेर सिंह, ओमप्रकाश सारस्वत, कृष्ण चन्द्र महादेविया, डॉ. अदिति गुलेरी, गिरीश हरनोट, कुलदीप चंदेल, कमल के. प्यासा, डॉ. धर्मपाल कपूर, त्रिलोक मेहरा, श्रीनिवास जोशी, डॉ. प्रेमलाल आर्य, कृष्णा शर्मा आदि साहित्यकार भी शामिल हो चुके थे। इन बाल साहित्यकारों ने अपनी लेखनी से नए आयाम जोड़े और बाल साहित्य को समृद्ध किया। इस दौर में सृजन की मुख्य विधाएं बाल कहानी, कविता, गीत रही परंतु बाल उपन्यास, नाटक, एकांकी तथा बाल पहेलियों की भी रचना हुई। बेशक, इन विधाओं में थोड़ा कम ही सही। बाल उपन्यास में संतराम वत्स्य, डॉ. मस्तराम कपूर, डॉ. सुशील कुमार फुल्ल, आशा शैली, गुरमीत बेदी आदि का नाम शामिल रहा तो वहीं बाल एकांकी व नाटक में डॉ. मस्तराम कपूर, शशिकांत शास्त्री, त्रिलोक मेहरा, आशा शैली, ओमप्रकाश सारस्वत, कृष्ण चन्द्र महादेविया, कमल के. प्यासा आदि ने भी कार्य किया। कुछ ऐसे भी साहित्यकार हमारे बीच में रहे जो बाल एकांकियों, नाटकों को रचकर उन्हें छोटे-छोटे बच्चों से अभिनीत करवाते रहे और बाल साहित्य को विस्तार देते रहे। यह बाल साहित्य की बच्चों तक पहुँच का एक सशक्त जरिया था।

इस दौर में सभी बाल साहित्यकारों ने अपना श्रेष्ठ लेखन किया।

इनकी रचनाओं की बदौलत हिमाचल की मिट्टी की सौंधी खुशबू, यहाँ के जनमानस, प्रकृति के सौंदर्य से लेकर यहाँ की अनोखी परंपरा तथा संस्कृति की बात पाठकों तक पहुँचती रही। लेकिन सैन्नी अशेष ने जिस गति और मात्रा में बाल कहानियों को रचा, वह उल्लेखनीय है। उन्होंने 2500 से ज्यादा बाल कहानियों को रचा जिनका अनुवाद अंग्रेजी के साथ विभिन्न भारतीय भाषाओं में हुआ। बाल साहित्य के इस स्वर्णिम दौर में संतराम वत्स्य और डॉ. मस्तराम कपूर अपने लेखन में उस समय के यथार्थ की मौजूदगी को अपनी हर विधा में उकेरकर कई पुस्तकों को रचकर बाल साहित्य को समृद्ध करते रहे। इस दौर में मौलिक सृजन के साथ-साथ बालोपयोगी साहित्य का सृजन भी खूब हुआ जिसमें हिमाचल की लोक कथाएं, प्रेरक प्रसंग, प्रेरक कथाएं, पहेलियां आदि प्रमुख थे। इस समय ने बाल साहित्य को बहुत कुछ बेहतर और नया दिया। इस रचनाकाल में बाल साहित्य के खजाने में जिस रफ्तार के साथ रचनाएँ जुड़ती गई वे बाल साहित्य का आकर्षण ही था। इस कालखंड के दौरान 'पराग' जैसी पत्रिका ने जब वैज्ञानिक दृष्टिकोण के पक्ष को मजबूती से रखा तो बाल साहित्य में एक नई विचारधारा का जन्म हुआ। यह वह समय था जब हिन्दी बाल साहित्य में एक जोरदार आवाज के साथ बाल साहित्य की पुरानी परंपराओं को तोड़ने की वकालत हुई। हिमाचल के बाल साहित्यकारों की बात करें तो उनमें से जहाँ किसी ने अपने लेखन में वैज्ञानिक दृष्टिकोण के साथ लिखना शुरू किया तो किसी ने पुरानी परंपरा का हाथ थामे रखा। लेकिन इतना तो तय है कि यह मिला-जुला साहित्य सबका मनोरंजन तथा अपने उद्देश्यों की पूर्ति करता रहा। यह स्वर्णिम काल हिमाचल के बाल साहित्य का गौरवमयी युग था। इस पूरे अंतराल में इन साहित्यकारों ने बाल साहित्य को अपने-अपने ढंग से रचा। इस दौर ने बहुत से नए बाल साहित्यकार हिमाचल को दिए, साथ ही कुछ ने बाल साहित्य लेखन छोड़ बड़ों के साहित्य की ओर भी रुख किया। इसी कालखंड में हिमाचल के बाल साहित्य के एक नींव पत्थर संतराम वत्स्य जी का दिल का दौरा पड़ने से 21 मार्च, 1988 को निधन हो गया। यह बाल साहित्य की एक अपूर्णीय क्षति थी।

उत्तर स्वर्णिम काल

21वीं शताब्दी के इस शुरुआती दौर को हम हिमाचल के बाल साहित्य का 'उत्तर स्वर्णिम काल' कहें तो गलत न होगा। इस दौर में भी लेखकों ने वर्तमान समय की माँग को ध्यान में रखते हुए बाल साहित्य को उसी अनुरूप अपने लेखन का हिस्सा बनाया है। बाल साहित्य इस दौर में भी कई प्रयोगों से गुजरता रहा है ताकि इसे और बेहतर, मनोरंजक, रुचिकर और रोचक बनाया जा सके। यह हमेशा से समय की माँग रही है। आज भी है। इसमें हिमाचल के लेखक भी अपने-अपने तरीके से अपने लेखन व अन्य माध्यमों से योगदान दे रहे हैं। भूत-प्रेत, जादू-टोना, चमत्कारिक कथाएं, परी कथाएं, राजा-रानी आदि की कथाओं से बच्चा थोड़ी देर के लिए भले ही बहल जाए लेकिन अंततः वह बोर होने लग जाता है। वह बोर होता भी सही है। उसने कभी भूत-प्रेत, चमत्कार, राजा-रानी या परियाँ अपने टीवी स्क्रीन के अलावा कहीं और अर्थात हकीकत में तो कभी देखी ही नहीं हैं। बच्चों को तो वही चाहिए जो उन्हें सामने नजर भी आए। हिमाचल के साहित्यकारों ने भी ताजा माहौल के अनुसार बाल मनोविज्ञान के हर पहलू के मद्देनजर लेखन की हर विधा को अपनाते हुए अपनी बात की है। इस उत्तर स्वर्णिम काल में भी हिमाचल को नए बाल साहित्यकार मिले हैं जिन्होंने बच्चों की जरूरतों, उनकी रुचियों को ध्यान में रखते हुए छलावे से दूर, हकीकत को अपनी कल्पनाओं संग बच्चों के समक्ष पेश किया है। देशभर की पत्र-पत्रिकाओं एवं बाल साहित्य विशेषांकों आदि में अपनी रचनाओं तथा अपनी प्रकाशित पुस्तकों से वे हिमाचल का प्रतिनिधित्व कर रहे हैं। ये सब हिमाचल में बाल साहित्य की निरंतर बहती धारा की संवाहक हैं। डॉ. अदिति गुलेरी ने पंजाब विश्वविद्यालय, चंडीगढ़ से 'हिमाचल में रचित बाल साहित्य-सर्वेक्षण एवं विश्लेषण' विषय को लेकर हिमाचली बाल साहित्य पर प्रथम शोध कार्य किया जिसमें वर्ष 2002 तक के बाल साहित्यकारों को शामिल किया गया है। यह कार्य उल्लेखनीय है। इस अंतराल में भी हिमाचल ने दूसरे नींवकार डॉ. मस्तराम कपूर जी को खोया है। उनका निधन 2 अप्रैल, 2013 को हुआ। यह हिन्दी बाल साहित्य की बहुत बड़ी क्षति थी।

हिमाचल के साहित्यकारों ने अपनी रचनाशीलता से बाल साहित्य के विकास की संभावनाओं को बल दिया है। इस दौर में भी पिछले दौर के बाल

साहित्यकारों ने अपनी रचनाशीलता को बनाए रखा है। इस बात की गवाह इन दो दशकों में प्रकाशित उनकी रचनाएँ और पुस्तकें हैं। इसके अलावा, इस दौर में हिमाचल के बाल साहित्य पर गंभीरता से कार्य करने का सिलसिला शुरू हुआ है। जिसका परिणाम यह रहा है कि हिमाचल से बाल साहित्य पर संभवतः यह पहली पुस्तक पाठकों के सामने आई है जिसमें हिमाचल के सभी बाल साहित्यकार एक साथ, एक जगह पर मिलेंगे। यह पुस्तक निश्चय ही भविष्य में हिमाचल के बाल साहित्य पर और विस्तार से बात करने के लिए प्रेरित करेगी। मौजूदा समय में बाल साहित्यकार हिमाचल से निरंतर बेहतर रचकर बच्चों में बाल साहित्य का स्वाद बढ़ाने के लिए बराबर प्रयासरत हैं। इस उत्तर स्वर्णिम काल में नए जुड़े लेखकों में डॉ. नलिनी विभा 'नाजली', पवन चौहान, कंचन शर्मा, अनंत आलोक, राजीव त्रिगर्ती, मामराज शर्मा, हरदेव सिंह धीमान, डॉ. आशु फुल्ल, प्रतिभा शर्मा, अशोक दर्द, डॉ. गंगा राम राजी, प्रदीप गुप्ता, रुपेश्वरी शर्मा, कृष्णा ठाकुर आदि नाम शामिल किए जा सकते हैं। इस अंतराल के अंतिम वर्षों में एक सुखद बात यह रही कि जहाँ नए साहित्यकार बाल साहित्य की ओर मुड़े वहीं कुछ वरिष्ठ जो बाल साहित्य सृजन छोड़ चुके थे, उन्होंने भी दोबारा बाल साहित्य की ओर रुख किया। यह बात बहुत सुकून देती है। यही सब बातें हिमाचल के बाल साहित्य की भूमि को उर्वरा बनाती हैं। तसल्ली से कहा जा सकता है कि हिमाचल में रचित बाल साहित्य को भविष्य में अभी कई और नए आयामों को जोड़ना बाकी है।

– पवन चौहान

गद्य खंड

डॉ. अदिति गुलेरी

पता : नजदीक नाम आर्ट गैलरी, गाँव-बाघनी, पत्रालय-सिद्धबाड़ी, जिला-कांगड़ा, हिमाचल प्रदेश
मो. : 9816305643
ईमेल : aditiguleri12345@gmail.com

हिमाचल प्रदेश के बेहद खूबसूरत और धौलाधार के आँचल में स्थित धर्मशाला में 30 मार्च, 1977 के दिन युवा लेखिका डॉ. अदिति गुलेरी का जन्म हुआ है। अदिति बाल कविता व बाल कहानी में रुचि रखती है। राष्ट्रीय पुस्तक न्यास की बच्चों की ई-मैगजीन के लिए अनुवाद किया है तथा एक कविता पंजाब बोर्ड के पाठ्यक्रम में शामिल हुई है।

अदिति के नाम यह उपलब्धि है कि अदिति ने पंजाब विश्वविद्यालय से हिमाचल के बाल साहित्य पर शोध कार्य किया है जिसका विषय था 'हिमाचल में रचित बाल साहित्य-सर्वेक्षण एवं विश्लेषण'। इस शोध में वर्ष 2002 तक के हिमाचल में रचित बाल साहित्य की समग्र विधाओं यथा बाल कविता, बाल कहानी, बाल उपन्यास, बाल एकांकी, नाटक, फुटकर बाल साहित्य का मूल्यपरक अध्ययन व मूल्यांकन हुआ है।

लॉकडाउन

आज संपूर्ण देश में लॉकडाउन के पचास दिन बीत चुके हैं। यह वक्त किसी समय कभी थम जाता है तो कभी किसी समय पंख लगाकर उड़ने लगता है। बेटा रोज शाम छः बजे पास आकर जिद करने लगता है।

"ममा! जल्दी करो न! वॉक का वक्त हो गया है। इस समय आपका वॉक करना ज्यादा जरूरी है। रोज टी.वी. पर आता है कि इस समय हमें अपनी सेहत का ध्यान कैसे-कैसे रखना चाहिए? मैं आपका मोबाईल, आपका रेडियो, पानी की बॉटल लेकर छत पर जा रहा हूँ। आप जल्दी ऊपर छत पर आ जाओ।" यह कहकर दस वर्ष का बेटा धड़ाधड़ सीढ़ियां चढ़कर छत पर चला जाता है।

बेटे के पीछे-पीछे हम दोनों पति-पत्नी भी घर की छत पर पहुँच जाते हैं।

हमें ऊपर पहुँचते ही उसने सामने के मैदान में खेलते छोटे और बड़े बच्चों की तरफ ईशारा किया, "देखो ममा! आप मुझे घर के गेट के बाहर निकलने नहीं देते हैं परंतु इन बच्चों के मम्मी-पापा तो इन्हें रोज इस मैदान में खेलने के लिए भेज देते हैं। ये तो कोरोना से नहीं डरते। इनमें से कुछ बच्चे तो मुझ से भी छोटे हैं। क्या वायरस इन सब को छोड़ देगा? खेल में कोई सोशल डिस्टेंसिंग भी नहीं। इन्होंने न मास्क और न ही ग्लव्स पहने हैं। देखो न कैसे एक-दूसरे को कभी पकड़, तो कभी धक्के दे रहे हैं।"

"हाँ! तुम सही कह रहे हो बेटे। यही सोशल डिस्टेंसिंग इनकी मैं भी रोज ही देखती हूँ। ये सब कॉलोनी के वही बच्चे खेल रहे हैं जिनके पापा-मम्मी भी घर पर नहीं टिकते। इनके पापा-मम्मी भी रोज कभी कुत्तों की शौच के बहाने, तो कभी शाम अपनी सैर के बहाने खुले आम सड़कों पर सैर कर रहे होते हैं। हो सकता है कि इसी सैर के साथ ये कोरोना जैसी महामारी को भी अपने साथ घर ले जाएँ। जब इनके पढ़े-लिखे मम्मी-पापा ही बाहर घूम रहे हैं तो इनके मासूम बच्चों को कौन समझाए?"

"जी ममा, आप सही कर रहे हो।"

"सुनो! बेटा, तुम्हारे मम्मी-पापा हमेशा तुम्हारे साथ यहीं छत पर वॉक

करते हैं। हम दोनों कहीं बाहर तो नहीं घूम रहे हैं और न ही लॉकडाउन के नियमों को तोड़ रहे हैं। बच्चों को कुछ समझाने के लिए, पहले अपना संभलना जरूरी होता है। अपने पर नियंत्रण अपने लिए ही आवश्यक व लाभदायक होता है।"

"ममा, वो तो सब ठीक है। पर ये सभी आंटी-अंकल और भैया लोग इस बात को क्यों सीरिअसली नहीं लेते। पुलिस अंकल की गाड़ी दौड़-दौड़ कर स्पीकर्स पर सब बता रही होती है। क्या इनको समझ नहीं आता। इनकी छोटी-सी गलती हम सभी को भी मरवा देगी। ये सब लोग तो मुझसे भी अधिक शैतान हैं। पुलिस अंकल को इनको खूब पीटना चाहिए ममा।"

"हाँ, तुम सही कह रहे हो मेरे बच्चे। मजबूर होकर ही पुलिस को डण्डा उठाना पड़ता है। अगर सभी नियमों का पालन करें तो कोई भी समस्या खड़ी ही न हो। देखना बेटा, लॉकडाउन का यह वक्त जल्द पंख लगाकर उड़ जाएगा और सब कुछ जल्द ठीक हो जाएगा। हमारा घर ही इस समय सब से सुरक्षित स्थान है।"

अमर सिंह 'शौल'

पता : गाँव व डाकघर-समैला, तहसील-बल्दवाड़ा, जिला-मंडी, हिमाचल प्रदेश-175034
मो. : 9625693857
ईमेल : amarsingh1831963@gmail.com

हिमाचल के केंद्र में बसे जिला मंडी में कई धार्मिक स्थल हैं। इन्ही धार्मिक स्थलों में एक है समैला, जहाँ 18 मार्च, 1963 को अमर सिंह 'शौल' जी का जन्म हुआ है। अमर सिंह 'शौल' पेशे से पत्रकार हैं और बाल साहित्य लेखन में इनकी विशेष रुचि है। इनकी बाल कहानियाँ देशभर की पत्र-पत्रिकाओं यथा बाल भारती, बाल किलकारी, हँसती दुनिया, बाल हंस आदि में निरंतर प्रकाशित होती रहती हैं।

इनकी बाल कहानियों की पुस्तक 'समय की कीमत' शीर्षक से वर्ष 2007 में प्रकाशित होकर आई है। कुल 31 पृष्ठों के इस संग्रह में 7 कहानियाँ संकलित हैं। कहानियों की भाषा सरल व आसानी से समझ में आने वाली है। बेहतर सीख देती सभी कहानियाँ अपनी रोचकता और आकर्षक भाषा-शैली के चलते पठनीय हैं। मेहनत का फल, चीनी और शक्कर, समय की कीमत, धूर्त लोमड़ी, नई चाल, कल घर बनाऊंगी तथा बचत शीर्षक से सजी ये कहानियाँ बच्चों का मनोरंजन करती हैं। कम पृष्ठों और बड़े फोंट साइज के चलते यह कहानी संग्रह पढ़ने के लिए आकर्षित करता है।

चीनी और शक्कर

एक दिन की बात है। चीनी और शक्कर एक दुकान पर आ मिलीं।

"आओ, चीनी बहिन, थोड़ी देर बैठ कर बातें करें।" शक्कर ने चीनी से कहा।

"मेरे पास वक्त नहीं है।" चीनी बोली।

"शायद तुम मुझे जानती नहीं। मैं तुम्हारी बड़ी बहन हूँ।" शक्कर ने उसे बताया।

"तुम और मेरी बहिन!" चीनी जरा तुनककर बोली, "पहले जाकर शीशे में अपनी शक्ल तो देख लो। तुम मेरी बड़ी बहिन कहलाने के काबिल भी हो?"

चीनी को अपने दूध जैसे सफेद रंग पर बहुत घमंड था।

"मैं सच कह रही हूँ, मैं तुम्हारी बड़ी बहिन हूँ। पहले मेरा जन्म हुआ था, बाद में तुम्हारा।" शक्कर विनम्रता से बातें कर रही थी।

"तुम मटमैली, भूरे रंग की और मैं दूध जैसी सफेद। मैं यह कभी नहीं मान सकती कि तुम मेरी बड़ी बहिन हो। जबरदस्ती मेरी बहिन बनने की कोशिश मत करो।" चीनी ने शक्कर को ऊपर से नीचे तक बड़े गौर से देखते हुए कहा।

"अगर तुम्हें शक है तो आओ मेरे साथ चलो, मैं माँ से मिलवाकर तुम्हारा शक दूर करवा देती हूँ।"

"तुम जा सकती हो। मुझे तुम्हारी माँ से क्या लेना? बेमतलब मेरा दिमाग खराब करने की कोशिश मत करो।"

"मैं तुम्हारा दिमाग खराब नहीं कर रही हूँ। मैं माँ से मिलवाकर तुम्हारा शक दूर करना चाहती हूँ।"

थोड़ी और बहस करने के बाद, आखिर चीनी को शक्कर के साथ जाना ही पड़ा।

सामने खेत में ईख यानी उनकी माँ खड़ी थी।

दोनों ने माता को प्रणाम किया।

"आओ, मेरी बेटियो, आज इकट्ठे कैसे आना हुआ?" ईख ने पूछा, "मैं तो तुम्हें इकट्ठे ही देखना चाहती थी।"

"क्या ये मटमैली, भूरे रंग वाली मेरी बहिन है माँ?" चीनी ने पूछा।

"हाँ बेटी, यह हकीकत है। शक्कर तेरी बड़ी बहिन है।" ईख ने बताया।

"अब तो शक दूर हो गया बहिन?" शक्कर बोली।

सुनते ही चीनी एकदम ठंडी पड़ गई।

"पर... तुम्हारा रंग?" चीनी बोली।

"घबराओ नहीं, मैं बताती हूँ।" ईख आगे बोली, "तुझ पर वैज्ञानिकता का रंग चढ़ा है। मशीनों में शक्कर को ही गर्म करके कई रसायन डालकर साफ किया जाता है। सफाई के नाम पर हमें कई बार उबाला जाता है। हम ये सभी कुछ सहते हैं तब कहीं जाकर तुम्हारा गोरा-चिट्टा रंग निखरता है। तुम्हारे इस रंग-रूप के पीछे हमारी सहनशीलता है।"

अमरदेव अंगिरस

पता : अंगिरा काम्पलैक्स, समीप फलोद्यान, दाड़लाघाट, जिला-सोलन, हिमाचल प्रदेश-171102
मो. : 9418165573

जिला सोलन में बाघल रियासत के राजा द्वारा बसाया गया ऐतिहासिक गाँव है, बातल। इसी गाँव में 1 अगस्त, 1948 को अमरदेव अंगिरस जी का जन्म हुआ है। अमरदेव अंगिरस जी की बाल रचनाएँ देश की चर्चित पत्र-पत्रिकाओं बाल भारती, बाल सखा, वीर प्रताप आदि में प्रकाशित होती रही हैं। बाल साहित्य में इन्होंने कविता और कहानी को रचा है। हिमाचल स्कूल शिक्षा बोर्ड में प्राथमिक, नवमी और दसवीं कक्षाओं की पाठ्यपुस्तकों में इनके लेख शामिल किए गए हैं।

नीति कथा संकलन के अंतर्गत इनकी पुस्तक 'घाटियों में बिखरी लोक कथाएं' प्रकाशित हुई है। इस संग्रह में पश्चिमी हिमालय क्षेत्रों सोलन के अर्की, कुनिहार, माँगल, बिलासपुर, शिमला एवं मंडी क्षेत्रों में हल्के से अंतर से सुनी-सुनाई जाने वाली कथाएं संकलित की गई हैं। आज इनका वजूद खतरे में है। इन्हें संकलित करके लेखक द्वारा इन्हें सहेजने का प्रयास किया गया है। पुस्तक की कथाएं विभिन्न पहाड़ी लोकोक्तियों पर आधारित हैं। कथाओं के साथ दिए गए चित्र इनके पठन-पाठन में और भी आकर्षण लाते हैं। इन कथाओं में हिमाचल की सांस्कृतिक विरासत और पहाड़ के लोक-जीवन का सुंदर वर्णन समाहित है।

हंस और उल्लू

हिमालय की तलहटी में एक विशाल सुंदर झील थी। इस झील में सदाबहार कमल खिले रहते थे। नीले जल में सफेद हंसों के दल अठखेलियाँ करते थे। सभी छोटे-बड़े हंस आपस में प्यार से किलोल करते थे। हंस कभी भी झील के बाहर नहीं जाते थे लेकिन उनमें से एक हंस जिद्दी स्वभाव का था। वह दूसरे साथियों के खाने पर झपट पड़ता था। कभी-कभी वह झील से निकलकर दूर तक चला जाता था और दूसरे पक्षियों के बच्चों के साथ खेलने लगता था। देर रात में ही वह लौटकर आता था। उसकी माँ ने कई बार समझाया कि बेटा, झील के बाहर नहीं जाया करते। बाहर हमें खतरा है।

झील के पास एक पेड़ था। वहाँ एक उल्लू रहता था। वह बहुत खूंखार था। रात में वह निकलकर आता और धोखे से पक्षियों को मारकर अपने रहने के स्थान पर ले जाता। दिन में वह अपने को चट्टानों में छिपाए रखता और पक्षियों पर नजर गड़ाए रहता। एक दिन जिद्दी हंस झील से निकलकर पहाड़ की ओर उड़ने लगा। अभी उल्लू की नजरें उस पर नहीं पड़ी थी लेकिन अँधेरा बढ़ने लगा था। उसकी नजर जैसे ही उड़ते हुए हंस पर पड़ी तो वह खुशी से झूम उठा कि आज तो बहुत ही मुलायम पक्षी का माँस खाने को मिलेगा।

उल्लू उड़ता हुआ हंस के पास पहुँचा और बोला- "हंस भईया, तुम तो बहुत सुंदर हो। अच्छा किया जो तुमने उड़ते हुए यहाँ आने का साहस दिखाया, नहीं तो दूसरे हंस तो बहुत डरपोक हैं। क्या तुम मुझसे दोस्ती करोगे?"

हंस अपनी प्रशंसा सुनकर बहुत खुश हुआ। बोला- "उल्लू भईया, हमारी दोस्ती कैसे हो सकती है? तुम तो दूर पहाड़ के ऊपर तक उड़ लेते हो और मैं पहाड़ पर नहीं चढ़ सकता हूँ।"

उल्लू ने प्यार से कहा- "हंस भईया, तुम डरो मत। मैं तुम्हें अपनी पीठ पर बिठाकर दूर पहाड़ पर ले जाऊँगा। वहाँ बहुत स्वादिष्ट फल होते हैं। तुम्हें वे फल खिलाऊँगा।"

लेकिन हंस की नजर जैसे ही उल्लू के तेज दांतों और डरावनी आँखों पर पड़ी तो वह डर गया। हिम्मत जुटाकर बोला- "भईया, पहाड़ के उस तरफ तो खतरनाक गिद्ध होते हैं, कहीं मुझे मारकर वे खा तो नहीं जाएँगे?"

उल्लू मन ही मन खुश हो गया कि हंस उसकी बातों में आ गया है। तीन-चार दिनों तक इसे अपने पास रखूँगा। फिर इसका माँस चट करूँगा। उसने मीठी आवाज में हंस से कहा- "हंस भईया, तुम क्यों चिंता कर रहे हो, मैं हूँ न, देखना कोई तुम्हारी ओर आँख उठाकर भी नहीं देख पाएगा।"

हंस उसकी चिकनी-चुपड़ी बातों में आ गया। खुशी से बोला- "ठीक है, मैं तुम्हारी पीठ पर बैठकर झील की सैर करूँगा और मोती चुनूँगा।"

उल्लू ने हंस को अपनी पीठ पर बिठाया और उड़कर अपनी गुफा में ले गया। वहाँ का दृश्य देखकर वह दंग रह गया। चारों ओर हड्डियां बिखरी पड़ी थीं, पक्षियों के सुनहरे पंख पड़े थे, टूटे हुए अण्डों के छिलके बिखरे थे। हंस समझ गया कि उल्लू मुझे यहाँ धोखे से ले आया है। अब तो मेरी मौत तय है।

हंस को उदास देखकर उल्लू ने कहा- "डरो मत, आज तुम्हारी बारी नहीं है। पहले तो मैं तुम्हें दूर-दूर तक घुमाऊँगा।"

यह सुनकर हंस की जान में जान आई।

अब चारों ओर अँधेरा छा गया था। उल्लू बहुत खुश हो गया कि जब हंस आराम से सो जाएगा तो वह उसे मार देगा। वह प्रसन्नता के मारे जोर-जोर से गाने लगा हू...हू...हू...हू...। उसकी तेज, कर्कश आवाज से घाटियां गूँजने लगीं।

हंस ऐसी कठोर आवाज से सहम गया। डरकर बोला- "भईया, जोर से मत चिल्लाओ, कोई बड़ा पक्षी हमें पकड़ लेगा।"

"अरे नहीं, मैं चिल्ला नहीं रहा हूँ, बल्कि खुशी के मारे गा रहा हूँ।" उल्लू ने कहा।

उसकी आवाज सुनकर सभी पशु-पक्षी अपने-अपने स्थान में दुबक गए।

रात काफी हो चुकी थी। एक शिकारी झील के पास से गुजर रहा था। उसे आज कोई शिकार नहीं मिल रहा था। उल्लू की कर्कश आवाज सुनकर वह ठिठक गया और ऊपर देखने लगा। हल्के अंधेरे में उसे ऊपर हंस के पंख दिखाई दिए। वह हैरान हो गया कि उल्लू सफेद रंग का कैसे हो सकता है? उल्लू अभी भी बेखबर था और मस्त होकर गा रहा था। शिकारी ने नीचे से बंदूक साधी और गोली दाग दी।

धाएं की आवाज हुई और उल्लू तेज चीख के साथ नीचे गिर पड़ा।

गोली का छर्रा हंस की आँख में भी लगा। उसकी आँख फूट गई और पंख भी झुलस गए। शिकारी ने आगे बढ़कर देखा। उल्लू मरा हुआ था।

शिकारी ने उल्लू को उठाया और चलता बना। बेचारा हंस रात भर अकेला गुफा में पीड़ा से छटपटाता रहा। सुबह होते ही वह घायल अवस्था में घर पहुँचा। उसकी हालत देखकर परिवार वाले चिंतित हो गए।

बुजुर्ग हंसों ने समझाया- "बेटा! बड़ों की बात मान लिया करो। वे अपने अनुभव से ही सलाह देते हैं।"

अनंत आलोक

पता : साहित्यालोक बायरी,
डाकघर व तहसील-ददाहू,
जिला-सिरमौर,
(हि.प्र.) 173022
मो. : 9418740772,
8278727922
ईमेल : anantalok1@gmail.com

सिरमौर की सुप्रसिद्ध रेणुका झील के सानिध्य में बसा है गाँव बायरी। 28 अक्तूबर, 1974 को इसी गाँव में जन्में हैं साहित्यकार अनंत आलोक जी। गजल विधा के साथ बाल साहित्य में बाल कहानी और बाल कविता लेखन करते हैं। देश की पत्र-पत्रिकाओं में इनकी बाल रचनाओं का प्रकाशन जारी है। इन्होंने अपने विद्यालय रा. प्रा. पा. खाला क्यार, सिरमौर में दीवार पत्रिका 'चमन' की शुरुआत करके छोटे बच्चों को उनकी रचनात्मकता और अभिव्यक्ति का मंच प्रदान किया है।

इनकी दो पुस्तकें प्रकाशनाधीन हैं बाल उपन्यास - 'गोलू बुआ' और बाल कहानी संग्रह- 'पेड़ों की हड़ताल'। रिश्तों के मायने, बुजुर्गों का स्नेह, उनका मान-सम्मान, लहजा-लिहाज, छोटा-बड़ा इन सबसे आज हमारे बच्चे अनजान होते जा रहे हैं। जिसे हम कभी संयुक्त परिवार में सीखते थे। आज एकल परिवार में रहते हुए सब भूल रहे हैं। इन सब बातों और रिश्तों की मासूमियत की कोमलता से पड़ताल करवाएगा बाल उपन्यास- 'गोलू बुआ'। बाल कहानी संग्रह- 'पेड़ों की हड़ताल' में मानवीय मूल्यों के साथ पर्यावरणीय और वैज्ञानिक दृष्टिकोण विकसित करती बाल कहानियाँ होंगी।

कद्दू का सिर

"बच्चो, तुम लोग कब से बोल रहे हो कद्दू-पूरी खानी है। आज बना ही लेते हैं। आज सन्डे भी है और तुम्हारी नर्गिस बुआ भी आ रही है।"

"हे ... कद्दू-पूरी खाएँगे ... नर्गिस बुआ आएँगे-कद्दू पूरी खाएँगे ... नर्गिस बुआ आएँगे।" कुसुम और प्रसून खुशी से नाचने-गाने लगे।

कुमुदिनी ने दोनों को बुलाकर कहा- "जब तक मैं साफ-सफाई करती हूँ। तब तक कुसुम लहसुन-प्याज काटेगी और प्रसून बेटा तुम जाओ। खेत से एक पका हुआ कद्दू ले आओ। थोड़ा बड़ा-सा लाना। आज मेहमान भी हैं।"

"जो आज्ञा माता श्री" कहता हुआ प्रसून कद्दू लेने चला गया। उन दिनों टी.वी. पर रामायण दिखाई जा रही थी। बच्चों को उसके डायलोग अच्छे लग रहे थे और वे उसी अंदाज में बात करने लगे थे।

प्रसून चाकू लेकर गया और उसे एक बड़ा-सा पका हुआ कद्दू जल्दी ही मिल गया। लेकिन ये क्या! कद्दू की गर्दन कटते ही वह तो भागने लगा। लुढ़कता हुआ नीचे वाले खेत में, प्रसून उसके पीछे भागा। जब तक वह निचले खेत में आया, तब तक वहाँ से भी नीचे। उसने आवाज दी "मम्मी ... कद्दू भाग गया!"

पास ही घर था, सुनकर सब हँसने लगे।

"कद्दू भी कभी भागता है, लुढ़क गया है बेटा, ले आओ।"

"लेकिन कैसे माँ? ये मुझे देख कर सच में भाग रहा है!"

वह फिर से बोला तो सब लोग कमरों से बाहर आ गये उसकी सहायता के लिए। कद्दू सचमुच भाग रहा था। वह खेतों से लुढ़कता हुआ सड़क में और वहाँ से नदी की ओर भाग गया। सब लोग हैरान, परेशान उसे देखने लगे। शोर सुनकर गाँव के सभी लोग भी छतों पर चढ़कर देखने लगे। "वो देखो ... वो जा रहा है, हाँ हाँ वही है, देखिये कैसे भाग रहा है।"

एक ने कहा- "भाग नहीं रहा यार! लुढ़क रहा है।"

"अरे नहीं, ये भाग ही रहा है, सच में।" दूसरे ने कहा।

अब इसे पकड़ना जरूरी था तो प्रसून के पापा कुमुद और उसके चाचा पलाश डंडा लेकर नदी की ओर दौड़े। "हे भगवान, अब कद्दू के लिए डंडा काहे ले जा रहे हो, कद्दू है कोई जानवर थोड़े ही है।" बच्चों की माँ

कुमुदिनी ने टोका। लेकिन उन्होंने जैसे कुछ सुना ही नहीं। वे दौड़ते हुए नदी की ओर भागे। नदी निकट ही थी और कुछ मिनटों में ही वे वहाँ पहुँच गए।

उन्होंने इधर-उधर हर जगह देखा लेकिन कद्दू कहीं दिखाई नहीं दिया। पलाश ने कहा- "कहीं पानी में... नहीं नहीं पानी में कैसे जा सकता है? पानी से पहले इतना लम्बा-चौड़ा घास का मैदान है और वह भी एकदम सीधा-सपाट।" दोनों ने झाड़ियों के बीच, मैदान में हर जगह ढूँढ़ा लेकिन कद्दू का कोई पता न चला। थक-हार कर वे दोनों नदी की बहती धारा में ढूँढ़ने लगे।

"अरे ओ ... देखो नीचे बहा जा रहा है।" कुमुद ने कहा और दोनों नदी के बहाव की ओर भागे। कद्दू रुकने का नाम ही नहीं ले रहा था। जब उनसे न पकड़ा गया तो उन्होंने नीचे से आ रहे एक व्यक्ति को आवाज लगाई कि इसे पकड़िये। वह व्यक्ति जैसे ही उसे पकड़ने पानी में उतरा कद्दू अचानक गायब हो गया। उसने बहुत ढूँढ़ा पर नहीं मिला। इतने में वे दोनों भी वहाँ पर पहुँच गए। दोनों ने बड़ी देर तक खोजा, नहीं मिला।

वे एक छोर पर बैठ गये। अचानक उनकी नजर एक ओर कंटीली झाड़ी के नीचे गई। वहीं कद्दू छुप कर बैठा था। क्रोध तो पहले ही उनकी नाक पर बैठा था। उन दोनों ने अपने-अपने डंडे कद्दू पर दे मारे। "हाय... हाय... ये क्या?" तीसरा चिल्लाया। कद्दू के सिर से रक्त की धार बह रही थी। उफ्फ! ये क्या नई मुसीबत है। तीनों अपने सिर से हाथ लगा कर बैठ गए। इतने में कद्दू पूरा का पूरा खून से लथपथ हो गया था। उन्होंने कांपते हाथों से डरते-डरते उसे उठाया और घर ले आए। रह-रह कर खून अब भी बह रहा था। सभी लोग हैरान थे। लोग बातें कर ही रहे थे कि उतने में मीडिया वाले पहुँच गए। किसी ने उन्हें फोन कर दिया था। तरह-तरह के प्रश्न पूछने लगे। कद्दू को टीवी चैनल पर लाइव दिखाया जाने लगा। चारों ओर हो हल्ला होने लगा।

खबर आग की तरह फैल गई। भीड़ इकठ्ठा होने लगी, पुलिस आ पहुँची। वह लोगों को साइड में करने लगी। इतने में एक टीम वहाँ पर आई। उन्होंने दस्ताने पहन कर बड़े ध्यान और सतर्कता से कद्दू के टुकड़े और सैंपल एकत्र किये और एक पैकेट में सील कर उसे ले गए। पूरे परिवार के बयान लिए गए और उन्हें हिदायत दी गई कि बिना इजाजत गाँव छोड़ कर न जाएँ।

एक सप्ताह की गहन रिसर्च के बाद दिल्ली से रिपोर्ट आई कि आजकल सब्जियों की अधिक पैदावार और अप्राकृतिक वृद्धि के लिए जो इंजेक्शन दिए जाते हैं, ऐसे ही इंजेक्शन और दवाइयाँ आजकल इंसान अपनी बॉडी बनाने के लिए भी प्रयोग करते हैं। बस ये दोनों गलती से मिक्स हो गए। कद्दू का खून नब्बे प्रतिशत इंसानी खून है और उसके सिर पर नरम हड्डियों का विकास भी इसी कारण हुआ है। ध्यान से देखने पर कद्दू के मुँह पर हल्की आँखें, नाक और कान उभर आए थे।

आशा शैली

पता : साहित्य सदन,
इंदिरा नगर-2, पो. ऑ.-
लालकुआँ, जिला-नैनीताल,
उत्तराखण्ड-262402
मो. : 9456717150,
08958110859
ईमेल : asha.shaili@gmail.
com

हिमाचल प्रदेश के शिमला जिला में रामपुर स्थित हिन्दुस्तान-तिब्बत मार्ग के साथ बसे गाँव गौरा से संबंध रखने वाली आशा शैली जी का जन्म 2 अगस्त, 1942 को अस्मान खट्टड़, रावलपिण्डी (अविभाजित भारत) में हुआ है। आशा शैली जी साहित्य की हर विधा में कलम चलाने के साथ बाल साहित्य में भी बराबर सक्रिय हैं। वर्तमान में इनका उत्तराखंड में निवास है। यदि बाल साहित्य की बात करें तो आशा जी ने बाल कविता, गीत, कहानी, नाटक और उपन्यास में अपनी कलम चलाई है। कई पुरस्कारों से सम्मानित आशा जी एक त्रैमासिक पत्रिका 'शैल सूत्र' का संपादन भी करती हैं जिसमें बाल साहित्य को विशेष स्थान दिया गया है।

आशा शैली जी की पहली बाल कविता पुस्तक 'सूरज चाचा' में इन्होंने अपनी कविताओं में बाल मनोविज्ञान को पिरोया है। 'सूरज चाचा' की कविताएँ जहाँ बच्चों का मनोरंजन करती हैं वहीं उनका ज्ञानार्जन भी करती हैं। दूसरी पुस्तक 'दादी कहो कहानी' में भारत के कई हिस्सों की लोककथाओं का संग्रहण किया है। इन लोककथाओं में भी मनोरंजन के साथ शिक्षा समाहित है। लोक कथाओं की इनकी अन्य पुस्तकें 'हमारी लोककथाएँ' नाम से भाग-1 से भाग-6

तक खण्डों में हैं। बाल उपन्यास 'कलकत्ता से अण्डमान तक' समुद्री यात्रा के साथ ही अण्डमान निकोबार द्वीप समूह के विषय में सम्पूर्ण जानकारी देता है। इनका दूसरा बाल उपन्यास 'इस पार से उस पार' में दो परिवारों संग घूमते हुए हिमाचल के पर्यटन स्थल, वहाँ की उपज, मेले-त्योहार, प्राकृतिक दृश्य, परिवहन, जलवायु आदि सभी से परिचय हो जाता है।

पेंसिल बॉक्स

फिर स्कूल में डाँट पड़ेगी रीना को। होमवर्क नहीं कर सकी थी। क्या बहाना बनाएगी कल? टीचर सबके सामने बहुत डाँटेगी। शायद बेंच पर खड़ा भी कर दे।

कई दिन से यह हो रहा था, पर वह क्या करे। यही सब सोचते हुए वह गली के कोने तक आ गई। अचानक ही उसकी आँखें चमक उठीं। ये क्या है वहाँ मोड़ पर? सामने गुलाबी रंग का एक चमकदार प्लास्टिक का डिब्बा पड़ा हुआ था। रीना ने दौड़कर उसे उठाया, शायद किसी का लंच बॉक्स गिर गया है। इधर-उधर देखा तो गली में कोई दिखाई नहीं दिया। रीना ने डिब्बा अपने बैग में डाल लिया और घर आ गई।

उसने अपना स्कूल बैग रखा और हाथ-मुँह धोने चली गई। उसे याद ही नहीं रहा कि उसे गली में कुछ मिला है। तब तक माँ ने खाना निकाल दिया था।

"माँ! लाया मेरा पेंसिल बॉक्स?" उसने पूछा।

"नहीं बेटा। मालकिन ने पैसे नहीं दिए, कहा है पहली तारीख को ही लेना।"

"आज फिर टीचर बहुत गुस्सा हो रही थी। मैं कल भी काम नहीं कर सकी और....।" वह रुआंसी हो रही थी, "आज भी बहुत होमवर्क मिला है। कैसे करूँगी, बताओ?"

"लाओ मुझे दिखाओ। शायद मैं कुछ मदद कर सकूँ, बिना रबड़ और स्केल के।"

रीना खाना खा चुकी थी। हाथ धोकर अपना स्कूल बैग उठा लाई। उसकी माँ दो घरों में झाड़ू-पोंछा करती थी पर इतना तो पढ़ी थी कि उसकी सहायता कर सके।

बैग खोलते ही रीना को वह डिब्बा याद आ गया।

''ये क्या है रीना?''

माँ ने पूछा तो उसने सच-सच बता दिया। अब रीना की माँ ने डिब्बा खोला तो उसका चेहरा मारे गुस्से के भभकने लगा। रीना भी माँ को गुस्से में देखकर डर गई। वह तो पेंसिल बॉक्स था।

''अच्छा! तो अब तू चोरी करने लगी है और झूठ भी बोलने लगी है?"

"मैं गरीब जरूर हूँ, पर चोर नहीं।"

"सच बता किस दुकान से उठाया है? मैं वापस करके उससे माफी माँग कर आती हूँ, अभी के अभी।''

''नहीं माँ! मैं सच कह रही हूँ, तुम्हारी कसम। यह मुझे गली के मोड़ पर पड़ा मिला है। सच्ची माँ। मैं झूठ नहीं बोल रही।'' रीना रोने लगी तो उसकी माँ को विश्वास हो गया क्योंकि इससे पहले भी रीना ने कभी चोरी नहीं की थी।

''अच्छा चल अब तो काम चला ले इसी से, बस चोरी कभी मत करना।'' माँ ने उसके आँसू पोंछे तो उसने भी हाँ में सिर हिलाया।

दूसरे दिन उसने पिछला काम भी करके टीचर को दिखाया था, टीचर खुश हो गई। बारी-बारी सभी बच्चे अपना होमवर्क टीचर को दिखा रहे थे। पर आज उमा सबसे पीछे बैठी सुबक रही थी।

टीचर ने आवाज लगाई, ''उमा! तुम्हारा होमवर्क कहाँ है? लाओ।''

उमा आँखें पोंछते हुए उठी और अपनी कॉपी टीचर को पकड़ा दी। टीचर ने पन्ने पलटते हुए उमा को देखा और गुस्से से बोली, ''एक तो काम पूरा नहीं करके लाई और ऊपर से रो कर दिखा रही हो। काम पूरा क्यों नहीं किया?''

''टीचर जी! मेरा पेंसिल बॉक्स कल कहीं गिर गया और मुझे ढूँढ़ने पर भी नहीं मिला। पापा से कह दिया था, वे आज दूसरा ला देंगे। आज के लिए सॉरी।''

उमा रीना की गली में ही रहती थी। अभी टीचर ने कुछ कहा भी नहीं था कि रीना ने झट से अपने बैग से पेंसिल बॉक्स निकाला और आगे जाकर उमा से पूछा, ''उमा, कहीं यह तो नहीं तुम्हारा बॉक्स?''

''अरे हाँ! हाँ, यही है, तुम्हें कहाँ से मिला यह?''

“कल जब मैं स्कूल से वापस जा रही थी तो यह गली में पड़ा मिला। शायद तुम्हारे बैग से गिर गया हो। लो, अपना पेंसिल बॉक्स।” उसने डिब्बा उमा को देते हुए कहा।

टीचर बड़े ध्यान से उसे देख रही थी। उसे पता था कि रीना की माँ को पैसे की तंगी है और रीना के पास कब से पेंसिल बॉक्स न होने के कारण उसे रोज क्लास में अपमान सहना पड़ता है। फिर भी उसने हाथ आई चीज को खुशी-खुशी वापस लौटा दिया।

टीचर ने रीना को पास बुलाकर प्यार से उसके सिर पर हाथ रखा, “शाबाश रीना। मुझे तुम पर गर्व है। दूसरे की चीज लौटा देना बहुत अच्छी बात होती है। यदि तुम इसे नहीं लौटातीं तो भी कोई अपराध नहीं था क्योंकि तुमने चोरी तो नहीं की। पर यह ईमानदारी भी इनाम के योग्य है। तुम्हारे लिए पेंसिल बॉक्स कल मैं लेकर आऊँगी। अपनी माँ से कह देना।”

डॉ. गंगाराम राजी

पता : राजी महल, पुराना बाजार समीप राजकीय संस्कृत कालेज सुंदरनगर, जिला-मंडी, हिमाचल प्रदेश-175019
मो. : 9418001224
ईमेल : triptganga83@yahoo.in

हिमाचल के खूबसूरत इलाके सुंदरनगर से संबंध रखने वाले वरिष्ठ साहित्यकार डॉ. गंगाराम राजी जी का जन्म जिला मंडी के मल्हणु गाँव में 29 मई, 1944 को हुआ है। डॉ. गंगा राम राजी जी हाल ही के वर्षों में बाल साहित्य लेखन में आए हैं। हास्यवृति से लबरेज गंगाराम राजी जी की बाल कहानियाँ जहाँ आनंदित करती हैं वहीं जीवन मूल्यों की भी बात करती हैं।

वर्ष 2019 में इनका बाल उपन्यास 'चिड़िया आ दाना खा' प्रकाशित हुआ है जो बालमन के हर हिस्से को छूता है। 80 पृष्ठों में समाहित इस उपन्यास का फौंट साइज पढ़ने में कोई परेशानी पैदा नहीं करता है। 10 भागों में बंटे इस उपन्यास के मुख्य पात्र दीपक, माया उर्फ चुलबुल और परिवार में माता यशोद्धा, पिता राजकुमार तथा इनके दादा और दादी हैं। उपन्यास की पूरी कहानी बच्चों के इर्द-गिर्द, उनकी अठखेलियों, शरारतों, मासूमियत व खुले माहौल में जीने के साथ-साथ हर तरह के मानसिक तनाव से मुक्ति की बात करता है। बाल कहानियों का एक संग्रह अभी प्रकाशनाधीन है। विशेष बात यह है कि इनकी चार बाल कहानियों को जोड़कर एक फिल्म भी निर्माणाधीन है।

नटखट भयो राम जी

दादा राम के घर दो पोते, बस समझो सारे घर में कोहराम-सा मच जाता जब दोनों बच्चे स्कूल से घर पहुँचते। दादा की नजरें भी पोतों पर हमेशा ही जमीं रहतीं, यह देखने के लिए कि महाराज क्या कर रहे हैं और जब घर में उनके होते हुए शांति हो तो समझो कोई खुराफात अवश्य ही हो रही होगी। टी. वी. पर देखे स्पाइडरमैन की किसी कला का प्रदर्शन या गिलासों में पानी भरकर एक दूसरे पर फैंक रहे होते या फिर होली के समय लाई गई पिचकारियों में पानी भरकर एक-दूसरे पर मार रहे होते।

बस इसी तरह से दादा एक दिन दोपहर को सोए आराम कर रहे थे कि छोटा नटखट पिचकारी में पानी भर कर लाया और दादा के पाजामे में दे मारा। दादा तो जोर से चिल्लाये, "क्या है वे, कौन है ...."

देखा तो पाजामा गीला। इधर-उधर देखा, कहीं कोई नहीं!

दादा ने इधर-उधर आगे पीछे देखा कहीं कोई नहीं, दादा को तो पहले यह समझ ही नहीं आया कि क्या माजरा है? जब कुछ समझ नहीं आया तो सारा ध्यान पोतों पर ही गया। तभी दादी भी अंदर आ गई।

''क्या हुआ है? शोर क्यों?''

''बच्चे कुछ कर गए। यह देखो मेरा पाजामा ...''

''बच्चे तो नीचे खेल रहे हैं। यहाँ तो कोई है ही नहीं। आपको सपना तो नहीं ...''

''तुम भी, भागवान हमें ही ... यह देखो पाजामा .... सारा तर ब तर .....''

पाजामे को देख दादी जोर से हँसी, चुटकी लेने की आदत तो उनकी थी ही, जैसे सभी औरतों में होती है।

''बस सु-सु अपने से हो गया और नाहक बच्चों पर इलजाम ... तुम भी तो बाज नहीं आए अपनी हरकतों से ...।''

दादी को चारपाई के नीचे से किसी के हँसने की आवाज सुनाई दी। झाँककर देखा तो छोटे वाला नटखट हाथ में पिचकारी लिए हँस रहा था। तभी दादी की समझ में आया कि यह कारस्तानी तो इसी की है। वह जोर से उसको खींचने लगी। छोटे नटखट ने जो पानी पिचकारी में रहा था उसे दादी पर चला दिया। दादी ने भी उसे बोलने के लिए मुँह खोला ही था, पिचकारी का पानी सारा मुँह के अंदर। दादी की बोलती बंद। वह एक ओर

हुई ही नहीं थी कि नटखट जी चारपाई से बाहर निकल एक ओर खड़ा होकर जोर-जोर से हँसने क्या लगा, दूसरा नटखट स्पाइडर मैन की भूमिका में आ पहुँचा।

दोनों नटखट खूब हँसने लगे और इधर दादी मुँह में गए पानी को एक ओर थू-थू करने में व्यस्त। यह सब देख दादा भी हँसी रोक नहीं सके।

"मेरे मुँह में गंदा पानी गया हुआ है और आप हंस रहे हो.... थू... थू..."

"अब पता चला, पहले तो मेरे को ही बोल रही थी कि पाजामे में अपने आप से सु-सु हो गया है अब बता ..."

"दादी इस पिचकारी में पानी भी बाथरूम से भरा है ..."

बड़े नटखट ने किसी नेता की तरह स्थिति को देखते हुए चुटकी ली।

उसकी बात से दादी फिर बाथरूम में ही चली गई और बाहर उल्टी करने की आवाजें सुनाई देने लगी तो इधर दादा अपने गीले पाजामे को बदलने लगे और हँसते भी जा रहे थे।

दोनों बच्चे अपने मम्मी-पापा के सामने डर के कारण इस तरह से कभी भी शरारत नहीं करते। वे तो दादा-दादी के सामने ही सब करते हैं। उन्हें मालूम है कि दादा-दादी कभी मारते नहीं, और शरारत होती तो इन दोनों की अध्यक्षता में ही। उनके साथ या उनके सामने शरारत करने का भी उन्हें मजा आता क्योंकि दादा-दादी के पास ही उन्हें असली आजादी मिलती।

इसी उधेड़बुन में बड़ा कुछ ज्यादा ही शरारती और जिद्दी बनने लग गया था। उसे लगता कि छोटे को छोटा कहकर सजा कम मिलती, उसकी गलतियों की सजा भी उसे ही मिलती है।

"तू तो बड़ा है, तू ही सब्र कर लेता।"

"मैं भी कितना बड़ा हूँ।" बड़ा अक्सर मार पड़ने पर बोलता रहता था। वह धीरे-धीरे जिद्दी बनता गया। जब वह शरारत करता तो उसकी मम्मी अक्सर कहा करती थी।

"इसके मुँह में मिर्च दो .."

अक्सर मम्मी-पापा छुट्टी वाले दिन कहीं घूमने चले जाते हैं या अपने मित्रों से मिलने चले जाते हैं और पीछे इन बच्चों को दादा-दादी के हवाले छोड़ जाते हैं। बच्चे भी खुश रहते हैं। अपने को पूरी तरह से आजाद समझते हैं। आजादी का भी एक गणित होता है। मनुष्य आजाद रहना ही चाहता है।

आजाद रहना मानव का स्वभाव है। इसलिए ही वह आज तक इसी आजादी के लिए संघर्ष करता आया है।

दादा-दादी को भी तो पोतों के बिना चैन कहाँ? स्कूल के बाद थोड़ी देर दिन में सोकर आराम तो करते हैं परन्तु पोते दादी को आराम करने ही नहीं देते। हाँ, दादू अक्सर आराम कर लेते ही थे।

सबसे अधिक दादा व्यस्त। उसे सबकी करनी पड़ती है। बेटे-बहू अपनी ड्यूटी पर जाने से पहले उन्हें बहुत से काम देते आए हैं।

''डैडी, आज बच्चों की फीस बैंक में जमा करा आना, छोटे के स्कूल के बैग की रिपेयर करा आना .... टहलते हुए जाना बिजली का बिल भी दे आना .....'' आदि।

फिर दादी के साथ जाना। दादी की भी अपनी ही फरमाइशें होती। उनकी फरमाइशें कोई पोतों से कम थोड़े होती हैं। कभी बाजार जाना, ब्यूटिशियन के पास जाना, सब्जियां लाना आदि कई काम हैं जो वह दादा के साथ करती आई है। लेकिन घर में अपने को व्यस्त बताना ही सबको आता है। दूसरों के काम तो लगते ही नहीं हैं किसी को। यहाँ तक कि बच्चे अपने को बहुत व्यस्त बताने लगे हैं। स्कूल का होम वर्क, खेलना-कूदना आदि। यह खेलना-कूदना भी अब उनकी दिनचर्या में शामिल हो गया है। पापा-मम्मा ने आपस में बातें करनी हों तो बच्चों को भगा देते हैं-''जाओ खेल आओ, जल्दी से ...''

बच्चे हैं कि एक बार घर की गिरफ्त से छूटे तो घर आने का नाम ही नहीं लेते। चाहे फिर कितनी ही आवाजें क्यों न लगाई जाएँ।

एक बार घर आए हुए अंकल-आंटी की बातों में रस लेते बड़े नटखट ने कान लगाकर सुन लिया था-''यार, किसी की गाड़ी को चलाने से रोकना हो तो उसके साइलैंसर की पाइप में आलू डाल दो, देखो गाड़ी कभी स्टार्ट ही नहीं होगी जब तक कि आलू नहीं निकाल लेते ....''

बस, यह बात नटखट ने अपने यहाँ गाँठ में बाँध ली। उसे कुछ न कुछ तो नया करना ही होता है और सबसे पहले इसका प्रयोग अपनी ही गाड़ी में किया गया।

सबने आज 'सोनु के टीटू की स्वीटी' फिल्म देखने जाना था। बच्चे भी गाड़ी में बैठे थे। उधर फिल्म के लगने का समय हो रहा था। टिकट भी ऑनलाइन ले रखे थे। इधर गाड़ी स्टार्ट ही न हो। बड़े को अपनी कारस्तानी याद

आ गई। फिल्म देखने की इच्छा उसकी भी प्रबल थी ही। झट से दोनों नटखट कार से नीचे उतरे और गाड़ी के पीछे साइलैंसर की पाइप की ओर गए। आलू फँसा था। आलू इस तरह से पक्का किया हुआ था कि आलू उनसे निकले नहीं।

"पापा इधर आओ"

"क्या है ...?" पापा ड्राइविंग सीट से उतरकर पीछे की ओर हो लिया।

"यह देखो... आलू ..."

पापा झट समझ गया कि खुरापात इन बच्चों की ही है। कल उनका दोस्त इसी बात को लेकर बात कर रहा था तो दोनों महाशय के कान उस समय खड़े थे। यह तो मैं उस समय ही समझ गया था कि ये कुछ न कुछ कर देंगे। परन्तु इस बात का पता नहीं था कि अपनी ही गाड़ी पर इसका प्रयोग कर देंगे।

"देखो, यह बताओ किसने किया है यह। नहीं तो दोनों की 'सोनु के टीटू की स्वीटी' बंद। जल्दी बताओ .... जल्दी बताओ ..." पिता गुस्से से बोला। तो बच्चे डर गए थे।

"पापा बड़े ने किया है ....."

"आलू तो तुमने ही लाया था ...."

बस बात स्पष्ट हो गई। बच्चे भी क्या करते, उन्होंने अभी-अभी तो नई चीज सीखी थी। 'चैरिटी बिगिन्स ऐट होम' का सिंद्धांत भी तो पापा-मम्मा ने ही सिखाया था।

फिलहाल एक-एक झापड़ दोनों को पड़ा। दोनों नाराज हो गए। कार में बैठने के बदले घर की ओर भाग गए। वे भी अच्छी तरह से जानते थे कि उनके बिना कोई भी फिल्म देखने नहीं जाएगा। इसलिए जो उन्हें झापड़ पड़ा उसकी नाराजगी जतानी भी तो उनका फर्ज बन जाता है।

फिर क्या सबका मूड़ खराब होने लगा। दादा की बारी आई। वह तो आनी ही थी। दादा-दादी उतरे नीचे और बच्चों को मनाने उनके पीछे भागने लगे। वे कहाँ गिरफ्त में आने वाले थे, न दादा से दौड़ा जा रहा था, न दादी से... थक गए तो बच्चों का गुस्सा गायब... जब दादा ने अपने को गिरने का नाटक किया तो दोनों आ पहुँचे दादा के पास। और फिर दादा ने उन्हें अपने आगोश में भर लिया।

उसी समय सब ऊपर घर आ गए। मम्मी-पापा को बहुत गुस्सा आया हुआ था। बच्चे अपने से बाहर होते जा रहे हैं। बच्चों की मम्मी का पारा

सातवें आसमान पर। फिल्म का समय निकलने लगा था। एक तो पहले ही घर से लेट हो गए थे, दूसरे अब गाड़ी का काम हो गया। जब गाड़ी स्टार्ट हुई तो बच्चे भाग निकले। मम्मी को गुस्सा जो आया हुआ था बोली, ''इसके मुँह में मिर्च दो ...''

फिर क्या था, बड़े ने तो अपने आप ही मिर्च खाने की जिद पकड़ ली। मम्मी ने सोचा था कि वह मिर्च के नाम से डर जाएगा। यहाँ तो पासा ही पलट गया। वह तो अपने आप ही मिर्च माँगने लग गया। सब हैरान होने लगे कि इसे आज क्या हो गया है। वह तो रो-रोकर मिर्च माँगने लगा। सोचने लगे कि बहू ने आज क्या पंगा ले लिया। उसने तो मधुमक्खियों के छत्ते में हाथ दे मारा। उधर फिल्म चलने लगी होगी, समय भी निकलने लगा। इधर फिल्म का ध्यान किसी को नहीं। अब तो इस नटखट का मिर्च शो शुरू हो गया। दादा-दादी के लिए एक नई समस्या।

दादा-दादी सब कोशिश करने लगे कि वह किसी तरह से शांत हो जाए, परन्तु वह कहाँ मानने वाला था। अपनी ही जिद पर अड़ा रहा।

''मैं तो मिर्च खाऊँगा ...''

''देखो बेटे, मिर्च खाओगे तो मुँह जल जाएगा ...''

''मम्मी क्यों मुझे मिर्च खिलाने के लिए बार-बार बोलती हैं। आज मैं मिर्च खाऊँगा ही ...''

''अरे फिल्म शुरू हो गई है। जल्दी करते हैं, फिल्म देखनी है। चलो बेटे ..... फिल्म देखने के बाद हम सब मिर्च खाएँगे .....''

''मैंने कोई फिल्म नहीं देखनी है। मैंने तो मिर्च खानी है अभी ... लाओ मिर्च ...''

घर वाले सारे परेशान हो गए। सोचने लगे कि यह अब बहुत ही जिद्दी हो गया है। इसका पता नहीं क्या करे। इसे समझाना चाहिए। मिर्च के बारे बताना चाहिए। सब कुछ करने के बाद भी जब वह माना ही नहीं तो दादा बोले, ''इसके धोती वाले टीचर शास्त्री जी जिनसे यह डरता है, पड़ोस में ही तो रहते हैं। संडे है। घर पर ही होंगे। उन्हें बुलाया जाए। वहीं इसे मिर्च खिलवाएंगे।''

आखिर में उसके धोती वाले गुरू जी बुलाए गए। वे बच्चों को सीधा करने के महारथी माने जाते हैं। बच्चे उनके पहनावे से ही डरते थे। सफेद कुर्ता, नीचे सफेद धोती, गले में रूद्राक्ष की माला और ऊपर सर जो चाणक्य की

तरह सफाचट किया हुआ, उसके मध्य लम्बी चोटी, छह फीट लम्बे, स्कूल में अनुशासन ढीला पड़ता तो उनकी मदद ली जाती। वे संदेशा मिलते ही यह सोच कर कि बच्चों को अनुशासन का पाठ पढ़ाना है, तुरन्त आ पहुँचे।

आते ही शास्त्री जी सब ज्ञान प्राप्त कर सोचने लगे कि यह बच्चा क्या चीज है। उसने तो बड़े-बड़ों को पटरी पर खड़ा किया है। अपनी शिखा पर हाथ मारते हुए एक हाथ नटखट के सर पर रखते हुए बोले, ''मिर्च खाएगा ....''

''खाऊँगा ...''

''क्यों खाएगा ...?''

''मम्मी बोलती रहती हैं। आज खाऊँगा ही ...''

''लाओ मिर्ची ....''

शास्त्री जी के आदेश पर बड़ी लाल-सी मिर्ची लाई गई।

''ले खा इसे ...''

नटखट ने मिर्ची हाथ में पकड़ी देखी और नीचे रखते हुए बोला,

''आधी खाऊँगा ....''

गुरू जी ने मिर्ची के दो टुकड़े किए। एक टुकड़ा नटखट की ओर करते हुए शास्त्री जी बोले, ''लो खाओ ...''

नटखट ने मिर्च को हाथ तक नहीं लगाया बोला, ''यह आधी पहले आप खाओ .... तभी खाऊँगा .....''

शास्त्री जी क्या करते अपने नाम को बट्टा थोड़े लगाते। सोच रखा था कि इस बालक को ठीक करना है। नहीं तो अपना नाम बदनाम हो जाएगा। बस फिर क्या, शास्त्री जी अपना नाक पकड़ कर किसी न किसी ढंग से आँख बंद करते हुए आधी मिर्च खा गए। पीछे से पानी के तीन गिलास गट कर गए। फिर भी सी-सी करते अपने दाँतों को पीसते हुए बोले, ''लो अब खाओ..''

बस शास्त्री जी को मिर्च खाते देखते ही नटखट दहाड़ने लगा, जोर-जोर से रोने लगा, ''आप शास्त्री जी वो टुकड़ा खा गए जो मुझे खाना था ...... जाओ, मैं नहीं खाता ...''

बस फिर क्या था। शास्त्री जी को पहले ही मिर्ची लगी थी। अपनी धोती पकड़कर, ''नटखट भयो राम जी'' कहते हुए, सी-सी करते भाग गए।

गिरीश हरनोट

पता : साहित्य कुंज, मार्लबोरो हाउस, ग्राउंड फ्लोर, नजदीक सचिवालय, छोटा शिमला - 171002
मो. : 9892384707
ईमेल : aaryan.harnot@outlook.com

पर्यटन नगरी शिमला में वर्ष 1981 में जन्में युवा साहित्यकार व अभिनेता गिरीश हरनोट जी ने भी बाल कहानियाँ लिखी हैं। लेखन का यह कार्य इन्होंने छोटी उम्र में ही शुरू कर दिया था। वर्तमान में वे मुंबई में रहकर फिल्मों और विभिन्न धारावाहिकों में अभिनय कर अपना जादू बिखेर रहे हैं। उन्हें अभिनय के क्षेत्र में आर्यन हरनोट के नाम से जाना जाता है।

गिरीश हरनोट की बाल कहानियों की पुस्तक 'प्रेरक कहानियाँ' वर्ष 2004 में प्रकाशित हुई है जिसमें 7 कहानियाँ संकलित हैं। ये बाल मनोविज्ञान के अनुरूप रची गई प्रेरक कहानियाँ हैं। इन कहानियों को पढ़ने का एक अलग ही मजा है। यह कहानियाँ गिरीश ने तब लिखी हैं जब वे आठवीं कक्षा के विद्यार्थी थे। उस उम्र में बच्चा जो दुनिया की समझ रखता है, इन कहानियों के जरिए उस बच्चे की कल्पनाशीलता और भाषा शैली से आप उसके मनोभावों को बेहतरी से समझ पाते हैं। सरल, सहज भाषा में रची गई ये कहानियाँ जहाँ बच्चे की कोमल भावनाओं, संवेदनाओं को प्रदर्शित करती हैं वहीं पशु-पक्षी व पर्यावरण की सुरक्षा हेतु भी सबको सजग करती हैं।

आलस का फल

किसी जंगल में एक जोड़ा कबूतर और कबूतरी रहते थे। वे हर रोज बहुत दूर तक जाकर अपने लिए भोजन ढूँढ़ते थे। कुछ दिन बाद कबूतरी ने एक अंडा दिया और उसमें से एक बच्चा निकल आया। कुछ दिनों बाद कबूतरी ने एक और अंडा दिया और उसमें से भी एक बच्चा निकल आया। कबूतरी ने बड़े बच्चे का नाम चीकू और छोटे बच्चे का नाम मीकू रखा। चीकू आलसी और कमजोर था और मीकू मेहनती और ईमानदार था। मीकू अपने माता-पिता के साथ जंगल में भोजन ढूँढ़ने के लिए जाता था। परंतु चीकू अपने माता-पिता के साथ भोजन ढूँढ़ने नहीं जाता था। वह हर रोज उड़कर पेड़ की सबसे ऊँची चोटी के ऊपर बैठकर गाना गाता रहता था। चीकू के माँ-बाप उसे बहुत समझाते थे किंतु वह अपने माता-पिता की बात नहीं मानता था।

कई साल बीत गए, चीकू और मीकू के माता-पिता बूढ़े होकर मर चुके थे। अब सिर्फ चीकू और मीकू ही अकेले रह गए थे। मीकू बेचारा अपने लिए और अपने भाई चीकू के लिए भोजन ढूँढ़ने जाता था। एक दिन मीकू ने चीकू से कहा, "भैया, आप भी मेरे साथ भोजन ढूँढ़ने जाया करो, क्यों आप अपनी जिंदगी बर्बाद कर रहे हो? अगर तुम मेरे साथ भोजन ढूँढ़ने जाओगे तभी तुम्हें लोग मेहनती और ईमानदार कहेंगे।"

चीकू क्रोधित हो उठा और बोला, "बकवास बंद करो, नहीं तो मैं पीस-पीस कर तेरी चटनी बना दूँगा।"

मीकू एक बार और बोला, "मैंने तो तुम्हें तुम्हारी भलाई के लिए ही कहा था।"

चीकू ने गुस्से में आकर उसके सिर में कसकर अपनी चोंच दे मारी। मीकू के सिर से खून निकलने लगा। मीकू बेचारा जंगल की तरफ चल पड़ा और वहीं कहीं रहने लगा। चीकू अपने माता-पिता का इकट्ठा किया भोजन खाने लगा। एक दिन ऐसा आया कि उसके माता-पिता का जमा किया हुआ सारा भोजन खत्म हो गया। वह कुछ सोचने लगा, उसे अपने मित्र चूहे की याद आई। वह उसके पास गया और बोला, "मेरे प्यारे मित्र, अगर तुम मुझे कुछ भोजन दोगे तो मैं तुम्हारा एहसान जिंदगी भर नहीं भूलूंगा।"

चूहे ने उसकी बात मान ली और उसने उसे थोड़ा-सा भोजन दे दिया। दूसरे दिन उसे बहुत भूख लगी परंतु उसने सोचा कि अगर मैं अपने मित्र के घर जाऊँ तो वह क्या कहेगा। लेकिन वह हिम्मत करके अपने मित्र के पास चला गया। वहाँ उसके मित्र चूहे की माँ भी बैठी थी। चीकू उनके पास गया और बोला, "मित्र मुझे भोजन दे दो।"

चूहे की माँ बोली, "जाओ, क्या हम तुम्हें हर रोज भोजन देते रहें? क्या स्वयं भोजन नहीं ढूँढ़ सकते?"

चीकू अपने दूसरे मित्र खरगोश के पास गया परंतु उसने भी उसे वैसा ही कहा चीकू आगे जाकर बेहोश होकर गिर पड़ा।

उधर मीकू भोजन की तलाश में जा रहा था। अचानक उसकी नजर अपने भाई पर पड़ी। पहले तो वह घबराया, परन्तु बाद में हिम्मत करके उसके पास जाकर उसे देखने लगा। वह भागते हुए गया और पास ही कुएं से अपनी चोंच में पानी भरकर लाया और चीकू के मुँह में डाल दिया।

कुछ देर बाद चीकू को होश आया। उसने आँखें खोलकर देखा कि उसका भाई उसके पास खड़ा है। उसकी आँखों से खुशी के आँसू निकल पड़े। चीकू अपने भाई के पैरों में पड़ गया और बोला, "मुझे माफ कर दो, मैंने तुम्हें बहुत तकलीफ दी है।"

चीकू अब अपने भाई के साथ जंगल में भोजन ढूँढ़ने के लिए जाने लगा। चीकू ने अब आलस को पूरी तरह से त्याग दिया था।

गुरमीत बेदी

पता : फ्लैट नंबर 806, गिलको पाल्म्स, सेक्टर 115, खरड़-लांड्रा रोड, खरड़, जिला-मोहाली (पंजाब) - 140301
मो. : 9418033344
ईमेल : gurmitbedi@gmail.com

कांगड़ा जिले की धार्मिक स्थली बैजनाथ में 21 सितंबर, 1963 को जन्में गुरमीत बेदी जी बड़ों के साहित्य में कविता, कहानी, व्यंग्य आदि अन्य विधाओं में खूब लिख रहे हैं। लेखन के शुरुआती दौर में इन्होंने बाल साहित्य में भी अपनी कलम चलाई है। इन्होंने बाल कहानियों के साथ एक बाल उपन्यास का भी सृजन किया है। चंपक, पराग, बालहंस, चंदामामा आदि में इनकी कई बाल कहानियाँ प्रकाशित हुई हैं।

1983 में दैनिक वीर प्रताप में कई किस्तों में इनका जासूसी बाल उपन्यास 'तिलस्मी लोक में शेरू' प्रकाशित हुआ है। यह बहुत ही रोचक और रहस्यों से सजा उपन्यास है। इस उपन्यास का मुख्य पात्र शेरू अपने बचपन में सुनी कहानियों और दादी माँ से मिली शिक्षाओं की बदौलत निरंतर नई खोजबीन में लगा रहता है और अंतत: वह एक ऐसा खजाना हासिल करने में कामयाब हो जाता है जो डाकुओं ने गरीब जनता को लूटकर हासिल किया था। शेरू उस खजाने को फिर जरूरतमंदों में बाँट देता है।

बाल उपन्यास "तिलस्मी लोक में शेरू" का अंश

जंगल में शेरू काफी दूर तक निकल गया था। घना जंगल... सामने पहाड़ और आसमान पर उमड़ते-घुमड़ते बादल.. साँझ घिरने लगी थी। बीच-बीच में जंगली जानवरों की धमाचौकड़ी की धमक भी सुनाई दे जाती थी। शेरू अपनी ही धुन में था। कहाँ जाना है, कब लौटना है, सब चिंताओं से बेखबर। बस एक लाठी थी उसके हाथ में जो वह सुबह बापू के कमरे से उठा कर लाया था। वैसे तो बापू के कमरे में दोनाली बंदूक भी थी लेकिन उसने कभी बंदूक को छू कर नहीं देखा था। बापू उसे बताया करते थे कि किस तरह अंग्रेजों के जमाने में उन्होंने जंगल में अपनी इस बंदूक से दो शेर ढेर कर दिए थे और अंग्रेजों ने उन्हें खूब शाबाशी दी थी। बापू के मुख से उसने यह भी सुना था कि शेर पेड़ पर भी चढ़ जाता है। इसलिए शिकार करते समय हमेशा चौकन्ना रहना चाहिए। शेरू का दिल तो करता था कि बापू से एक बार बंदूक का ट्रिगर दबाना सीख ले। 20 का पहाड़ा ठीक से याद न होने के कारण उसे बापू से जब मार पड़ती थी तो शेरू के पसीने छूट जाते थे।

शेरू को याद आ रहा था कि जब तीसरी कक्षा में उसके गणित के पेपर में 100 में से 10 नंबर आए थे तो उसके शिक्षक ने उसे पूरा दिन क्लास में मुर्गा बनाकर रखा था और जब उसने घर जाकर पिता से शिकायत की थी तो पिता ने भी उसके कान पकड़ा दिए थे।

शेरू ने अपने शिक्षकों से कई कहानियाँ सुन रखी थीं जिसमें बहादुरी के किस्से थे। उसकी दादी भी उसे कई तिलस्मी कहानियाँ सुनाया करती थी जिनमें परियों के किस्से भी होते थे और डाकुओं के किस्से भी। दादी बताया करती थी कि डाकू जंगल में सुरंग बनाकर काफी दूर निकल जाया करते थे और जमीन के नीचे ही उनके छिपने के ठिकाने होते थे। दादी यह भी बताती थी कि जंगल में जब बारिश होकर हटती थी और इंद्रधनुष खिलता था, तब आसमान से परियाँ भी उतरकर अठखेलियाँ किया करती थी, झूले झूला करती थीं। दादी बताती थी कि परियाँ बहुत खूबसूरत होती हैं और हाथ लगाते ही मैली भी हो जाती हैं।

शेरू जंगल में चलता तो जा रहा था लेकिन कभी उसे डाकुओं का

डर लग रहा था तो कभी उसे परियों के मिलने की ख्वाहिश रोमांचित कर रही थी। शाम घिर चुकी थी। पेड़ों के साए भी गुम हो रहे थे। ऐसे लग रहा था जैसे पेड़ नींद में जाने वाले हैं। जंगल से बाहर निकलने का कोई रास्ता शेरू को नहीं दिख रहा था। शेरू भीतर ही भीतर डरा हुआ था लेकिन उसने अपने शिक्षकों से सुन रखा था कि जिसने अपने डर पर काबू पा लिया, वह व्यक्ति बहुत बहादुर होता है और उसकी बहादुरी को दुनिया सलाम करती है। फिर शेरू के हाथ में एक लाठी भी थी। उसने अपने दिल को मजबूत किया और सोचा कि अगर डाकुओं से पाला पड़ गया तो वह लाठी लेकर उन पर टूट पड़ेगा और यह भी हो सकता है कि डाकू उसकी बहादुरी के दीवाने हो जाएँ और उसे मुँह माँगा इनाम दे दें। शेरू ने तलवार की तरह दो चार बार हवा में लाठी घुमाई। उसने कुछ धार्मिक नाटकों व गाँव में होने वाली रामलीला में योद्धाओं को तलवारें और गदाएं चलाते देखा था। तब से वह भी घर के पिछवाड़े में अपने पिता की लाठी को तलवार की तरह चलाने का अभ्यास किया करता था और इस अभ्यास में आसपास के बच्चे भी शामिल हो जाते थे जिनके हाथों में छोटे-छोटे डंडे होते थे। उस घटना को याद करते ही शेरू को लगा कि पाँच-सात डाकुओं का वह डंडों से ही सफाया कर देगा और उन्हें दूसरी दुनिया में पहुँचा देगा। और अगर उसकी डंडा गिरी पर मोहित होकर आसमान से कोई परी एकाएक धरती पर उतरकर उसके सामने खड़ी हो जाती है तो वह उसे यही कहेगा कि अब आसमान में वापस नहीं जाना है और मेरे साथ मेरे घर चलना है। शेरू कई तरह की कल्पनाएं करते हुए आगे बढ़ा जा रहा था।

अचानक उसे पीछे से पेड़ों में कोई हलचल महसूस हुई। ऐसे लगा जैसे कोई दबे कदमों से उसका पीछा कर रहा है। शेरू ने अपनी दादी से एक लोक कहानी में सुन रखा था कि जब रात को जंगल से हम गुजर रहे हों तो किसी भी छेड़छाड़ की आवाज पर पीछे मुड़कर नहीं देखना है। हो सकता है कि कोई भूत-प्रेत या चुड़ैल हमारे पीछे लग जाए। दादी की इस कथा का विचार जहन में आते ही शेरू अपने डर को सीने में दबा कर यूं सीना तान कर आगे बढ़ने लगा जैसे उसने कोई किला जीत लिया हो। ....

हरदेव सिंह धीमान

पता : धीमान गृहम बरोली,
पत्रालय दनावली,
तहसील ननखरी, जिला शिमला
(हि.प्र.)-172021
मोबाइल न. : 9817216355
ईमेल : hsdharsh@gmail.com

शिमला जिले के कठिन क्षेत्र ननखरी के गाँव बरोली में 17 नवम्बर, 1966 को जन्में हरदेव सिंह धीमान जी का लेखन क्षेत्र भी बाल साहित्य रहा है। हरदेव जी बाल कहानियाँ लिखते हैं। देश की बाल पत्र-पत्रिकाओं में निरंतर इनकी रचनाएँ प्रकाशित हो रही हैं।

इनके दो कहानी संग्रह यथा 'नकल से सफलता' तथा 'भोलू का घर' प्रकाशनाधीन हैं। इन संग्रहों में सब काम समय पर, गितु और कौआ, नकल से सफलता, माँ की सीख, दृढ़ निश्चय, आदमी से रक्षा, जंगल में दीवाली, ताश का खेल आदि कहानियाँ सम्मिलित की गई हैं जो बाल मनोविज्ञान को गहरे से समझाते हुए उनके हर मनोभावों को प्यार से उकेरती हैं।

जादू टोना

इस बार भी राकेश आठवीं की परीक्षा में असफल हो गया। इस असफलता से वह इतना टूट गया कि अब उसका मन किसी भी काम में नहीं लगता था। वह कभी सोचता था कि कहीं बहुत दूर चला जाए। कभी सोचता था कि जहर खाकर या नदी में कूदकर आत्महत्या की जाए। परन्तु फिर भी सोचता था कि मनुष्य होकर ऐसा करना न केवल मनुष्यता का अपमान है बल्कि अपनी जीवन लीला को समाप्त करना भी पाप ही है। इस उद्धेड़-बुन में उसे न तो रात को नींद, न ही दिन में चैन मिलता। उसका मन अशांत व अधीर हो चला था। जिससे भी वह अपनी असफलता की बातें करता वही उसे घिनौनी दृष्टि से देखता था। क्या माता-पिता, क्या यार-दोस्त! राकेश सभी की नजरों में गिर गया था। धीरे-धीरे उसने अब यह धारणा भी पक्की कर ली कि उस पर या तो किसी बुरी आत्मा का साया है या किसी ने कोई जादू-टोना या मन्त्र-तन्त्र कर रखा है जिससे वह अपनी पढ़ाई कभी भी पूरी न कर सके। परन्तु वह इसे किसे सुनाए? कोई सुनने को तैयार ही न था। बस अकेले में बैठकर ही वह कई प्रकार के सोच-विचार में डूब जाता।

सभी प्रकार के उपायों पर विचार करते-करते उसके मन में आया कि काश, उसे कोई तांत्रिक या सिद्ध पुरुष मिल पाता जो उसे अपने आशीर्वाद या वरदान द्वारा आठवीं की परीक्षा से उतीर्ण करवा लेता या गण्डा या ताबीज बनवा कर देता जिसके पहनने से वह जो भी पढ़े, उसे झट से याद हो जाए व उसे लगी बुरी नजर या किया गया जादू-टोना उतर जाए।

ऐसा सोचकर वह अपने एक घनिष्ट मित्र रमन के पास चला गया जो पढ़ाई में था तो सामान्य परन्तु अक्ल व सूझबूझ में वह अपनी मित्र मण्डली में प्रसिद्ध था। अपने मन की व्यथा उससे कहकर अपनी समस्या का समाधान ढूँढ़ने की बात की। रमन ने उसकी सभी बातें बड़े ध्यान से सुनी तथा उसमें आत्मविश्वास लाने के साथ-साथ कड़ी मेहनत करने की नसीहत भी दे डाली।

"यार रमन, मेहनत तो मैं पहले भी बहुत करता था। परन्तु क्या करूँ। मुझे कुछ याद ही नहीं रहता। शायद किसी ने कुछ जादू-टोना कर रखा हो

ताकि में पढ़ाई पूरी न कर सकूँ।" रमन की नसीहत सुनकर राकेश ने अपने मन की भ्रांति उसे सुना दी।

राकेश की बात सुनकर रमन को पहले तो हँसी आई परन्तु यह सोचकर चुप हो गया कि कहीं वह बुरा न मान जाए। इसलिए अपनी हँसी रोकते हुए बोला, "देखो राकेश, एक दिन हमारे विज्ञान के अध्यापक कह रहे थे कि आज के वैज्ञानिक युग में जादू-टोना जैसी बातों में विश्वास करना सिवा मूर्खता के और कुछ नहीं है। कुछ चालाक लोग भोले-भाले लोगों को जादू-टोना के नाम पर ठगते रहते हैं। मैं भी ऐसी बातों पर विश्वास तो कम करता हूँ परन्तु तू ऐसा कहता है तो कोई बात नहीं। यदि मौका मिलेगा तो माँ के मंदिर में रहने वाले बाबा जी से चलकर पूछ लेंगे। शायद वे ही कोई तरीका बतला दें।"

रमन की बातों का राकेश पर कुछ प्रभाव पड़ गया। बाबा जी के नाम से उसे लगा कि शायद उसकी समस्या का हल मिल जाए। कुछ आश्वस्त हो कर दोनों थोड़ी देर इधर-उधर घूमते रहे व बाद में दोनों अपने-अपने घर आ गए।

घर आकर रमन सोच में पड़ गया कि उसने राकेश से मंदिर वाले बाबा जी की बात तो कर ली परन्तु क्या पता बाबा जी के पास ऐसी कोई शक्ति या मन्त्र-तन्त्र है भी जो राकेश का भ्रम दूर कर उसे मेहनत करने के लिए प्रेरित करे। ऐसा सोचकर उसने अगले दिन बाबा जी से बात कर ही ली। बाबा जी उसका आशय समझ गए कि बेचारा राकेश केवल गलतफहमी का शिकार हुआ है जबकि दृढ़ निश्चयी मनुष्यों पर ऐसी वैसी बातों का कोई विशेष असर नहीं होता। यह तो केवल मन का भ्रम ही है जिसका निराकरण केवल मनोवैज्ञानिक तरीके से ही हो सकता है। इसलिए उन्होंने उसे राकेश को अपने पास लाने को कह दिया।

चूंकि राकेश का घर मंदिर से अधिक दूर नहीं था इसलिए अगले दिन रमन और राकेश प्रातः ही मन्दिर में बाबा जी के पास पहुँच गए।

उस समय बाबा जी अपनी नित्य की पूजा अर्चना से निवृत्त होकर कुछ स्वाध्याय कर रहे थे। दोनों ने बाबा जी को प्रणाम कर उनसे अपने आने का कारण बता दिया। इस पर बाबा जी ने कहा वैसे तो मैं इन झमेलों में पड़ता नहीं हूँ यदि तुममें मेरे प्रति श्रद्धा व विश्वास है तो तुम्हारी किसी भी समस्या

का समाधान कर लूंगा परंतु उसके लिए सेवा व साधना की आवश्यकता है। यदि तुम इसके लिए तैयार हो तो कल प्रातः इसी समय पुनः आ जाना।

मरता क्या नहीं करता! बाबा जी की बात सुनकर राकेश ने हामी भर ली और अगले दिन वह बाबा जी के पास निर्धारित समय पर पहुँच गया।

बाबा जी ने कुछ हल्के-फुल्के आसन व प्राणायाम करवाकर कुछ मन्त्र भी राकेश को सुना दिए। उसके बाद उसे उन पर ध्यान देने की बात कहकर वापिस भेज दिया और अगले दिन से प्रातः उसी समय नियमित रूप से आने के लिए कह दिया। इस प्रकार राकेश का बाबा जी के पास आने का नित्य का नियम बन गया।

बाबा जी ने देखा कि राकेश अब नियमित रूप से उनके पास आने लगा है तथा उनकी हर बात ठीक से मानने भी लग गया है तब उन्होंने सोचा कि राकेश की समस्या के समाधान का यही उचित समय है। इसलिए उन्होंने उसकी पाठयपुस्तकों के अंश भी बातचीत में उसको सुनाने प्रारंभ कर दिए। राकेश बाबा जी की हर एक बात को बड़े ध्यान से सुनता और याद भी रखता। इतना ही नहीं कभी-कभी बाबा जी उसे पूरा का पूरा पाठ जोर-जोर से सुनने को कहते या स्वयं ही पढ़कर उसे सुना देते। इस प्रकार प्रतिदिन बाबा जी के पास नियमित अभ्यास करते हुए राकेश को पाठयक्रम का अधिकतम भाग ऐसे ही याद हो गया। अब तक कई महीने बीत गए। परीक्षा हेतु प्रवेश पत्र तो बाबा जी की सहायता से रमेश ने पहले भिजवा दिया था। चूंकि परिक्षाएं निकट थी इसलिए बाबा जी उसे और अधिक ध्यान से काम करने को कहते।

परीक्षाओं का समय आ गया। राकेश वैसे तो परिक्षाओं से डरता था परन्तु इस बार अपने ऊपर बाबा जी की विशेष कृपा और आशीर्वाद समझकर पूरे विश्वास के साथ परीक्षाओं में बैठा। परीक्षा देते समय उसे सारे प्रश्न बहुत ही आसान लगे।

पिछली परीक्षाओं में जबकि वह अपना सारा समय सोचने व इधर-उधर झाँकने में लगाता था तो इस बार उसे इसकी फुर्सत ही नहीं थी। इस प्रकार परीक्षाएं समाप्त हो गई।

कुछ समय बाद जब परीक्षा परिणाम आया तो राकेश अपना परिणाम देखकर हैरान हो गया। वह न केवल अपनी कक्षा में ही प्रथम रहा बल्कि

पूरे जिले में भी प्रथम रहा। वह अपनी इस अप्रत्याशित सफलता को केवल बाबा जी का चमत्कार समझ रहा था। इसलिए वह रमेश को साथ लेकर बाबा जी का आभार व्यक्त करने उनके पास पहुँच गया।

परीक्षा में मिली सफलता के लिए बाबा जी ने राकेश को अपना आशीर्वाद तो दिया ही, साथ में कहा – "देखो बेटा, यदि नियमित और लगन से कोई कार्य करो तो अवश्य ही सफलता मिलती है। परिश्रम न करके केवल भाग्य के भरोसे रहना सिवाय बर्बादी के कुछ नहीं है। यदि हम परिश्रम नहीं करेंगे तो जैसे मैंने पहले बताया भाग्य कुछ नहीं करेगा। जादू–टोना या मन्त्र–तन्त्र इनका आज के समय में कोई विशेष महत्त्व नहीं रह गया है। ये केवल मनुष्य में अनावश्यक भ्रम पैदा करते हैं जिसके कारण वह इसे सच्चाई मान लेता है। मेरा आशीर्वाद तो तुम्हारे साथ रहा ही है और हमेशा रहेगा भी। परन्तु रमन जैसा समझदार व सच्चा मित्र भी तुम्हारे पास है जिसकी योजना से तुम्हारा यह मिथ्या भ्रम टूटा व तुम परिश्रम करने भी लगे।"

अब राकेश को लगा कि यदि रमन उसे सही सलाह न देकर उसका मार्गदर्शन नहीं करता तो पता नहीं वह अब तक क्या कर चुका होता।

हेमकांत कात्यायन

पता : म. न. 66/9, कात्यायन कुटीर, मंडी (हि.प्र.)-175001
मो. : 9418025026
Email : hkkatyayan@gmail.com

सांस्कृतिक नगरी जिला मंडी से संबंध रखने वाले साहित्यकार और पेशे से पत्रकार हेमकांत कात्यायन जी का जन्म 2 दिसंबर, 1942 को मंडी में हुआ है। बालोपयोगी साहित्य में लोक कथाओं में इनकी रुचि रही है। देशभर की पत्र-पत्रिकाओं में इनकी रचनाएँ प्रकाशित होती रही हैं।

इनका एक बालकथा संग्रह 'रण झूंझण झूं' वर्ष 1988 में प्रकाशित होकर आया है। इस संग्रह की बाल कथाएँ मार्मिकता एवं संवेदना का खजाना हैं। ये वे लोक कथाएं हैं जो गाँव की बुजुर्ग महिलाएँ अपने नाते-पोतों को सुनाया करती थीं। बच्चे बड़ी तन्मयता, रोचकता और बड़े आकर्षण के साथ इन्हें बड़े ध्यान से सुनते थे। 'रण झूंझण झूं' शीर्षक से सजे इस कथा संग्रह में कुल 12 कथाएं सम्मिलित की गई हैं। इन कथाओं को पढ़ने का अपना ही एक आनन्द है। ग्रामीण परिवेश की ये कथाएं जहाँ बच्चों के हृदय को छूती हैं वहीं बड़ी उम्र के लोगों के लिए भी उतनी ही पठनीय हैं। इस छोटी-सी 64 पृष्ठों की पुस्तक में शामिल सभी कथाओं में अपनी माटी की गंध है जो हमें उस आँचल विशेष के करीब ले जाती है। ये कथाएं बच्चों में जहाँ रोमांच का अनुभव करवाती हैं वहीं उन्हें व्यावहारिक रूप से शिक्षित भी करती हैं।

महाठग

एक गाँव में एक नामी ठग रहता था। वह ठगी के मामले में इतना होशियार था कि गाँव के आसपास के लोग भी उसे ठगी का बादशाह कहा करते थे। उसके संपर्क में जो भी ठग आता उसे वह आखिर में अपना चेला ही बनाता था।

मजे की बात है कि एक दिन वह जंगल से दो खरगोश पकड़कर ले आया। दोनों एक ही कद-काठ के थे और रंग भी एक-सा ही था। एक खरगोश को वह अक्सर अपने साथ खेतों में ले जाया करता था और दूसरे को घर में ही बाँध दिया करता था। एक दिन चार ठग उसके पास आए। उस ठग ने उन्हें घर पर खाने का निमंत्रण दिया। उन चारों ठगों ने कहा कि आपको इतनी दूर जाने में मुश्किल होगी, हम ही आपके घर कह आते हैं। उस ठग ने कहा कि आप इसकी चिंता न करें। मेरा यह खरगोश घर में जाकर संदेश दे आएगा। यह कहकर उसने पेड़ से बंधे खरगोश के कान में कुछ कहा और खुला छोड़ दिया। वह फुदक कर वहाँ से कहीं झाड़ी में चला गया।

जब शाम को चारों ठग उसके यहाँ खाना खाने आए तो वह उन्हीं ठगों के सामने अपनी पत्नी से बोला- "क्यों खरगोश ने तुम्हें कुछ संदेश दिया था?"

पत्नी ने कहा- "हाँ-हाँ, उसने यही कहा कि चार और मेहमान खाना खाने आ रहे हैं। मैंने तो खाना भी तैयार कर दिया है।"

ठग और उसकी ये बातें सुनकर बड़ी हैरानी हुई। खाना खाने के बाद चारों गपशप करने लगे तो खरगोश का सौदा होने लगा। ले दे के बात पाँच हजार पर तय हुई। सुबह होते ही चारों खरगोश लेकर घर चल दिए। घर के दो-तीन मील पहले ही उन्होंने खरगोश को घर में संदेश देने के लिए भेज दिया। देखते ही देखते वह खरगोश कहीं झाड़ी में ओझल हो गया। फिर चारों ठगों ने चैन की साँस लेकर कहा कि संदेश तो पहुँच ही जाएगा। कुछ देर आराम कर लेते हैं। शाम होते ही चल पड़ेंगे।

शाम को जब चारों घर पहुँचे तो एक ने अपनी पत्नी से कहा कि हमें बड़ी भूख सता रही है। खाना बना है या नहीं?

पत्नी को हल्का-सा गुस्सा आ गया। बोली- "मुझे क्या मालूम था कि आप आज घर पहुँच रहे हैं। मैंने तो खाना वगैरह कुछ नहीं बनाया है। और अब तो उसमें समय लग जाएगा।"

यह सुनकर उसे और भी गुस्सा आ गया बोला– "कैसे पता नहीं चला? क्या खरगोश ने तुम्हें आकर कुछ नहीं कहा?"

पत्नी बोली– "कैसा खरगोश, कहाँ का खरगोश? यहाँ तो खरगोश कोई नहीं आया। किसी ने तुम्हें ठग लिया है।"

चारों ठगों को बड़ा गुस्सा आया। वे चारों ही उल्टे पाँव उस ठग के घर की ओर चल पड़े। जब उस ठग को पता चला कि वे ठग वापिस आ रहे हैं तो उसने एक और योजना बना डाली।

उसने अपनी माँ को आँगन में रखी एक चारपाई पर लिटा दिया। ऊपर एक चादर डालकर, स्वयं माता के मर जाने का रोना रोने लगा। चारों ठग जब उसके घर आँगन पहुँचे तो अपना गुस्सा छोड़कर उसके शोक में शामिल होकर सांत्वना देने लगे। थोड़ी देर बाद उस ठग ने एक डंडा भीतर से निकाला और कहा यह डंडा बड़ा करामाती है। इससे मैंने कई मरे हुए आदमी ठीक किए हैं। यह कहकर उसने उस डंडे से अपनी माँ को मारना शुरू किया। थोड़ी देर में ही वह राम-राम कहती हुई उठ बैठी।

यह देखकर चारों ठगों के मन में उस डंडे को हासिल करने की इच्छा हो गई।

चारों ठगों ने कहा कि वह खरगोश तो भाग गया, पर अब इस डंडे का सौदा कर लो। ठग ने कहा यह मैंने 25 हजार में लिया है, पर आपको 15 हजार में दे दूँगा। सौदा तय हो गया और वे चारों ठग डंडा लेकर घर की ओर चल पड़े।

एक दिन उन्हें खबर मिली कि राजा का पुत्र मर गया है। सारा शहर शोकमान हो गया। चारों ठगों ने भी राजा के पास जाकर संवेदना प्रकट करते हुए कहा– "महाराज, हमारे पास एक ऐसा डंडा है जिससे हम राजकुमार को जीवित कर सकते हैं। राजा को और क्या चाहिए था। राजा उन्हें अपने महल में ले गया और चारों ठगों ने बारी-बारी से उस मृतक राजकुमार पर डंडे बरसाने शुरू कर दिए। जब मृतक राजकुमार जिंदा नहीं हुआ तो राजा ने हुकुम देकर उन चारों को जेल भेज दिया।

चार माह के बाद जब वे कैद खाने से बाहर आए तो उन्हें बड़ा गुस्सा आया हुआ था। सबसे पहले उन चारों ने उस ठग से बदला लेने की सोची और सीधे उसके घर की ओर चल दिए। उसके घर पहुँचते ही सबने मिल-जुलकर उस ठग को रस्सी से बाँध दिया और योजना बना ली कि इसे पहाड़ से गिरा देंगे। न रहेगा बांस न बजेगी बांसुरी। चारों ने उसे उठाकर एक

नदी के किनारे एक बड़ी चट्टान से बाँध दिया और नीचे की ओर लटका दिया। स्वयं वहाँ से नौ दो ग्यारह हो गए। उस ठग को दूर से एक गुज्जर आता दिखाई दिया। उसे एक योजना सूझ गई। जब गुज्जर नजदीक आया तो ठग को इस तरह से लटका हुआ देखकर उससे पूछा- "अरे भई, तू क्यों लटका हुआ है?"

ठग ने कहा- "अरे क्या बताऊँ भाई, मेरे गाँव के लोग मेरी शादी करवाना चाहते हैं। मेरी पहले ही तीन बीबियां हैं। अब तुम ही बताओ कि मैं एक और शादी कैसे कर सकता हूँ?"

गुज्जर अभी तक कुँवारा था और अपनी शादी करवाना चाहता था। उसने ठग से कहा- "मैं शादी करने को तैयार हूँ। अगर आप नहीं करते हैं।"

ठग ने कहा- "भई, यह तो तभी हो सकता है जब तुम मेरी जगह बंध जाओ और जब गाँव के लोग यहाँ आएं और पूछें कि तुम शादी करोगे? तो तुम हाँ कर देना और तुम्हारी शादी हो जाएगी।" गुज्जर को यह तरकीब समझ में आ गई। गुज्जर ने कहा- "मुझे मंजूर है। मैं यहाँ रस्सी से लटकने के लिए तैयार हूँ। तब तक तुम मेरी भैंसों को देखना।"

गुज्जर वहाँ लटक गया। ठग भैंसे लेकर घर चला गया। चारों ठग जब उसे दोबारा यह देखने के लिए आए कि उसका काम तमाम हुआ या नहीं तो उन्होंने आदमी को अभी लटका हुआ वहीं पाया। उन्होंने चुपके से पेड़ की रस्सी को खोला और गुज्जर सीधे नदी में गिर गया।

चारों ठगों ने योजना बनाई कि आज तक वह हमें ही ठगता रहा, अब तो अंत हुआ। चलो अब उसकी सारी संपत्ति हमारे कब्जे में आएगी। वे उसकी संपत्ति हड़प करने की नियत से उसके घर पहुँचे। जब वहाँ उस ठग को जीवित पाया तो स्वयं ठगे से रह गए। उस ठग से पूछा कि तुम कैसे बच गए?

ठग ने फिर उन्हें यह कहकर बेवकूफ बनाया कि जब मैं पानी में गिरा तो वहाँ पहले से ही भैंसे तैर रही थीं। पानी कम गहरा था। मैं केवल इतनी ही भैंसे प्राप्त कर सका। यदि आपने मुझे और गहरे पानी में फेंका होता तो और अधिक भैंसे मिलती। चारों ठगों ने भी भैंसे प्राप्त करने के लिए गहरे पानी में डुबकी लगाने की योजना बनाई।

अंततः लालची और बुद्धिहीन ठगों ने अपनी ही मूर्खता से अपना ही काम तमाम कर लिया।

कंचन शर्मा

पता : पत्नी डॉ. प्रमोद शर्मा, देव भवन, इंद्रनगर, ढली, शिमला-171012

मो. : 9418058158, 9816588000

ईमेल : kanchansharma210@yahoo.com

पेशे से इंजीनियर लेखिका कंचन शर्मा जी का बचपन से ही बाल साहित्य के प्रति आकर्षण रहा है। इनका जन्म 21 जून, 1970 को छोटी काशी के नाम से विख्यात जिला मंडी में हुआ है। समसामयिक मुद्दों पर आलेखों के लिए चर्चित लेखिका कंचन की भागीदारी बाल साहित्य में कहानी और कविता विधा को लेकर है। इनकी बाल रचनाएँ देश की चर्चित पत्र-पत्रिकाओं में प्रकाशित होती रहती हैं।

इनकी बाल साहित्य की पुस्तकों में कविता संग्रह 'नन्हे मुन्ने बच्चे तेरी मुट्ठी में क्या है' प्रकाशित है। इस संग्रह की कविताएं बालमन के सुच्चे मोती हैं। अपने बेटे के मासूम सवाल, उसकी जिज्ञासाएं, सपने, उलझने, दुनिया को समझने की अभिलाषाएं और उसके बाल सुलभ मन की कल्पनाएं इस पुस्तक में कविताओं के रूप में कंचन जी ने समेटने की कोशिश की है। इन कविताओं में बच्चों के सवालों के साथ-साथ सरल जवाब भी हैं। ये कविताएं कोरी कल्पनाओं से परे बालमन के धरातल पर लिखी गई हैं। कविताओं के अनुरूप रेखाचित्र भी पुस्तक में हैं ताकि पढ़ने के साथ बच्चे उनमें रंग भरकर अपनी कला को भी उकेर सकें।

रानू सुधर गया

रानू आज बहुत खुश था। आज फिर से वह स्कूल में सौ मीटर की रेस जीत गया था। पिछले दो वर्षों से रानू ही रेस का चैंपियन था। पर उसमें एक खराबी थी। रानू अमीर घराने से था और उसकी बड़ी धौंस जमाता रहता था। उसके कुछ चापलूस दोस्त उसकी हाँ में हाँ मिलाते, दूसरे बच्चों को तंग करते और उसके आगे-पीछे घूमते रहते।

रोहण, रानू की ही कक्षा में पढ़ता था। पढ़ाई में बहुत ही होशियार और सबका आज्ञाकारी था। सभी टीचर उसे बहुत प्यार करते थे। रोहण था ही ऐसा। पढ़ाई में कमजोर छात्रों की मदद करना, स्कूल की स्वच्छता में योगदान देना, पेड़-पौधों की हिफाजत करना और दूसरों को भी इन कामों के लिए प्रेरित करना, उसकी आदत थी। ड्राइंग कॉम्पिटिशन हो, भाषण प्रतियोगिता हो, रोहण हमेशा नंबर वन रहता।

रानू को रोहण इसीलिए पसंद नहीं था। वो चाहता था कि सभी उसी से प्यार करें और उसके आगे-पीछे घूमें। इसलिए वह रोहण को परेशान करने के तरीके ढूँढ़ता रहता।

एक दिन रानू क्लास में पेंसिल शार्प कर रहा था। अचानक उसे शरारत सूझी और उसने पेंसिल का बूरा जान-बूझकर नीचे गिरा दिया। रोहण ने उसे बूरा गिराते देख लिया।

"यह क्या, रानू। तुम्हें इस तरह क्लास में कचरा नहीं फेंकना चाहिए।" "रोहण ने कहा तो रानू के कुछ कहने से पहले दिपेश बोल पड़ा, "तुम्हें इतना बुरा लग रहा है तो तुम्हीं उठा दो।"

"हाँ, हाँ, तुम्हीं उठाओ। वैसे भी तुम साफ-सफाई करने में माहिर हो।" दीपक भी बीच में बोल पड़ा।

यह कोई पहली बार नहीं हुआ कि जब-जब रानू ने रोहण को परेशान किया हो और उसके चापलूस दोस्त उसकी साइड लेने न आए हों।

रोहण ने चुपचाप पेंसिल का बूरा फर्श से उठाया और डस्टबिन में डाल दिया।

"लेकिन रानू तुम्हारी इस तरह की हरकतों से एक दिन तुम्हें ही नुकसान उठाना पड़ेगा, देख लेना।" रोहण ने रानू को समझाने की कोशिश की तो दिपेश ने उसे धक्का देकर पीछे गिरा दिया।

"ये सब क्या हो रहा है?" अचानक टीचर को आता देख कर सब चुपचाप अपनी-अपनी जगह बैठ गए।

रोहण चाहता तो शिकायत कर सकता था, मगर वो चुप रहा।

टीचर के आने पर सब डर गए थे इसलिए कोई कुछ नहीं बोला।

"हाँ तो बच्चों, मैं तुम्हें एक खुशखबरी दे रही हूँ। इस साल इंटर स्टेट रेस कॉम्पिटिशन के लिए हमारे स्कूल से रानू को चुना गया है। रानू, प्लीज खड़े हो जाओ।"

रानू के खड़ा होने पर सबने तालियाँ बजाई। रानू का तो मारे खुशी के बुरा हाल था।

"रानू, तुम बस आज से ही जी-जान से कॉम्पिटिशन के लिए जुट जाओ। मुझे पूरा विश्वास है कि ट्रॉफी तुम ही जीतकर लाओगे।" टीचर ने कहा तो रानू और भी अकड़ कर खड़ा हो गया।

"बच्चो, मैं कुछ देर के लिए प्रिंसिपल के ऑफिस जा रही हूँ। तुम लोग चुपचाप रिविजन करो और रानू तुम भी मेरे साथ प्रिंसिपल ऑफिस चलो।"

रानू फूला-फूला टीचर के पीछे चला गया तो पीछे से उसके दोस्तों ने शोर मचाकर रोहण को चिढ़ाना शुरू कर दिया। हद तो तब हो गई जब उन्होंने डस्टबिन उठाकर उल्टा फेंक दिया।

"चल रोहण, अब अपना मनपसंद काम करने में जुट जा जिसके लिए तू हर साल इनाम लेता है।"

रोहण को हर साल स्कूल की स्वच्छता में सहयोग देने के लिए स्वच्छता पुरस्कार मिलता था। बस इसी बात पर रानू और उसके दोस्त उसे जी भरकर तंग करते।

रोहण समझ चुका था कि वक्त ही इन्हें सबक सिखाएगा। वो चाहता तो उनकी शिकायत कर सकता था मगर उसे शिकायत करना पसंद नहीं था। क्लास के बाकी बच्चे रानू और उसके दोस्तों से डरते थे इसलिए कोई उन्हें कुछ न कहता। रोहण ने चुपचाप कचरा उठाकर डस्टबिन में डाला और चुपचाप पढ़ने बैठ गया।

कुछ ही दिनों में इंटर स्टेट स्पोर्ट्स शुरू होने वाले थे। टीचर्ज और स्टूडेंट्स सभी इसी में व्यस्त थे। रोहण के पैर में कुछ प्रोब्लम थी इसलिए वह स्पोर्ट्स में हिस्सा नहीं ले पाता था। वह चुपचाप क्लास में बैठकर पढ़ाई

करता और स्कूल का चक्कर काटकर साफ–सफाई का निरीक्षण भी करता। स्कूल की ओर से उसे जिम्मेदारी जो सौंपी गई थी। उस रोज भी वह सफाई का निरीक्षण कर रहा था कि अचानक किसी ने उसके आगे एक केले का छिलका फेंका। उसने पीछे मुड़कर देखा तो दिपेश खी–खी कर हँसने लगा।

"उठाओ, उठाओ इसे भी उठाओ। सफाई कर्मचारी।" दिपेश ने कहा तो रोहण को बहुत गुस्सा आया।

"दिपेश, इसे उठाओ नहीं तो प्रिंसिपल से तुम्हारी शिकायत कर दूँगा।" रोहण के कहने के बावजूद दिपेश नहीं माना और दोनों में बहस छिड़ गई। इतने में न जाने कहाँ से रानू दौड़ता हुआ आया और रोहण को धक्का दे दिया लेकिन जैसे ही रानू मुड़ा उसका पैर केले के छिलके के ऊपर पड़ा और वह धड़ाम से गिर पड़ा।

"मम्मीऽऽऽ" रानू के मुँह से जोर से चीख निकली।

रानू को गिरता देख रोहण उसकी ओर लपका। "चोट तो नहीं आई, रानू।" रोहण ने रानू को सहारा देकर उठाते हुए कहा।

रोहण ने देखा दिपेश वहाँ से खिसक रहा था।

"उई माँ, लगता है मेरे पैर में मोच आई है। मैं खड़ा नहीं हो पा रहा हूँ।" रानू दर्द से कराह रहा था।

इतने में वहाँ टीचर्स इकट्ठा हो गए।

"ये क्या हुआ, कैसे गिर गए? अरे, ये केले का छिलका किसने फेंका यहाँ पर?"

टीचर ने पूछा तो रानू, रोहण से पहले बोल पड़ा, "दिपेश ने मैम।"

दिपेश को स्कूल में सजा तो मिली, साथ में गंदगी फैलाने के लिए जुर्माना भी भरना पड़ा।

रानू का पैर सूज गया। डॉक्टर ने कहा कि उसके पैर का माँस फट गया है और उसे तीन हफ्ते आराम करने के लिए कहा गया। रानू का रो–रोकर बुरा हाल था। अब वह इंटर स्टेट स्पोर्ट्स से बाहर हो गया था। टीचर भी दुखी थे मगर अब क्या किया जा सकता था।

रानू को रोहण के साथ किए अपने व्यवहार पर पछतावा हो रहा था। रानू ने अब अपने चापलूस दोस्तों से दूरी बना ली थी।

पैर ठीक होने के बाद वह स्कूल पहुँचा तो बदल चुका था। आधी

छुट्टी का वक्त था। सब बच्चे लंच कर रहे थे। एक बच्चे ने पेपर नैपकिन डस्टबिन की ओर फेंका तो वो बाहर गिर गया। इससे पहले रोहण उठता, रानू ने नैपकिन उठाकर डस्टबिन में डाल दिया। पीछे मुड़ा तो रोहण खड़ा था।

"थैंक्यू, रानू।"

रोहण का इतना कहना था कि रानू के आँसू निकल पड़े।

"कोई बात नहीं, रानू। इस बार न सही तो अगली बार, देखना इंटर स्टेट रेस में तुम्हीं जीतकर आओगे।" ये सुनने पर रानू, रोहण के गले लग गया।

रानू सुधर गया था।

कृष्ण चंद्र महादेविया

पता : गाँव व डाकघर-महादेव, तहसील-सुंदरनगर, जिला-मंडी (हि.प्र.) 175018
मो. : 8219272342
ईमेल : krishanchandermahadevia@gmail.com

लोक साहित्य के साथ लघुकथा व बड़ों के साहित्य की अन्य विधाओं में लिखने वाले कृष्ण चंद्र महादेविया जी का जन्म जिला मंडी की शिव की पावन स्थली के गाँव महादेव में 23 जून, 1960 को हुआ है। बाल साहित्य में महादेविया जी बाल कहानियाँ रचते हैं। इनकी बाल कहानियाँ देशभर की पत्र-पत्रिकाओं में निरंतर प्रकाशित हो रही हैं। बच्चों को नाटक विधा की तालीम महादेविया जी हमेशा देते रहते हैं। इनकी रचनाएँ पर्यावरण संरक्षण के प्रति हमेशा सचेत करती हैं।

कृष्ण चंद्र महादेविया जी का एक लोककथा संग्रह 'हिमाचली लोक साहित्य में लोक लघुकथाएं' प्रकाशित हैं, जो हमें फिर से बचपन की उन मीठी यादों के करीब ले जाता है जिसे समय की आपाधापी में हमने जाने कहाँ खो दिया है। संग्रह में कुल 54 लोक कथाएं हैं। इस संग्रह की खास बात यह है कि इसमें इन लोक कथाओं को हिन्दी और मण्डयाली बोली, दोनों में एक-दूसरे के सामने के पृष्ठों पर रखा है। जिस पाठक को जिस भाषा या बोली में इनका स्वाद लेना हो वह ले सकता है। इन लोक कथाओं में उस मुश्किल वक्त की परछाइयाँ हैं, उस दौर के सामाजिक परिवेश का चित्रण है, उस दौर का खरा, पक्का अनुभव है, उस दौर की स्मृतियाँ है, मिठास है, आज की चकाचौंध भरी दुनिया से कोसों दूर धैर्यपूर्वक संतुष्टि से चलने वाली दिनचर्या है, गीत है, संगीत है और है ढेर सारा मनोरंजन।

जरूरत से ज्यादा

ठेकेदार राम गोपाल शर्मा शहर के मशहूर ठेकेदार तो थे ही उनकी पहुँच बड़े-बड़े लोगों तक थी। वे पूरी तरह विश्राम के मन में थे और अपनी साढ़े चार वर्ष की बेटी चुटकी के साथ लॉन में टहलने लगे थे।

"पापा, देखिए न इस चिलिया और घुद्धी को।"

"हाँ बेटा, देख रहा हूँ। ...दाना-दुनका चुगकर ये चिड़िया और घुग्घी उड़ जाएँगी।" राम गोपाल शर्मा ने लॉन में डाले चुग्गा को चुगती चिड़िया और घुग्घी को देखते स्नेह से कहा।

सचमुच चिड़िया और घुग्घी कुछ देर बाद नौकर द्वारा डाले दाने निडरता से चुगकर उड़ गई।

"पापा, इन दोनों ने दाने क्यों छोल दिए?"

"इन्हें जितनी जरूरत थी बेटा, खाकर चली गयी।" शर्मा ने दुलार से कहा।

मासूम बेटी के चेहरे पर कई भाव आए, कई गए। उसे अपनी मम्मा से सुनी बातें याद हो आई थीं।

"पल पापा जी ...।" अपने पापा को देखते चुटकी बोलते-बोलते रुक गयी।

"बोलो ना बेटा।"

"आप नालाज हो दाएंगे।"

"अपनी लाडली बेटी से मैं नालाज नहीं हूँगा।...तो आप बोल दीजिए।" अपनी बेटी के नाक से छेड़ते पापा ने बड़े प्यार से कहा।

"हमाला इतना बदा बंगला है। दूल तक दमीन है...पेल पौधे हैं। ममा कहते हैं ढेल साला लुपया-पैछा है। छोना-चांदी है। फिल आप चिलिया और घुद्धी की तरह दलुलत दितना क्यों नहीं लखते। दुथला बंगला बी बना लहे हैं। नौकल हैं, गालियां है। फिल पापा जलुलत छे ज्यादा क्यों इकत्था कल लहें हैं?" मासूमियत से चुटकी सयानों की तरह बोल गयी थी।

ठेकेदार राम गोपाल शर्मा के अन्दर धमाका-सा हुआ। वह बेटी के शब्दों पर सोचने को मजबूर हो चला था। फिर शर्मा ने अपनी बेटी को गोद में उठाया और उसका माथा चूम लिया। धनवान होने पर भी वह कितना खाली था और बिटिया की सीख ने उसे भरा-भरा कर दिया था। उसमें ज्ञान की लौ जल गयी थी।

महर्षि गिरीधर योगेश्वर

पता : योगधाम, गुलेर,
जिला-कांगड़ा (हि.प्र.) 176033
मो. : 8580651106

महर्षि गिरीधर योगेश्वर हिमाचल के एक जाने-माने साहित्यकार हैं। कांगड़ा के ऐतिहासिक गाँव गुलेर में इनका जन्म 14 अप्रैल, 1949 को हुआ है। इनकी बाल साहित्य में विशेष रुचि है। इनकी कई बाल रचनाएँ इनके लेखन के शुरुआती दौर की पत्र-पत्रिकाओं में काफी मात्रा में प्रकाशित होती रही हैं।

बालोपयोगी साहित्य में इनकी केवल एक पुस्तक 'आदर्श कथाएं' ही प्रकाशित है। यह पुस्तक बाल पाठकों के साथ बड़ों के लिए भी पठनीय है। इस पुस्तक में कुल 29 कथाओं को शामिल किया गया है। इनकी कथावस्तु, शब्दों की सरलता कथाओं को बहुत ही रोचक ढंग से पाठकों के सामने रखती है। कथाओं की भाषा-शैली आकर्षक है जो पाठक को अपने साथ कथा के अंत तक बाँधे रखती है। पुस्तक में शामिल कथाएं सभ्य कौन?, ऐसे थे सुभाष, मूर्ख कछुआ, जीवन दृष्टि, सबसे बड़ा पुण्य, पंडित वोपदेव, नचिकेता, सत्यवादी बालक आदि संग्रह को सार्थकता प्रदान करती हैं। इन कथाओं में जहाँ जीवन की सच्चाई, संस्कारों की बात की गई है वहीं जीवन को जीने का सलीका भी सिखाया गया है। साथ ही साथ ये कथाएं रोचकता और मनोरंजन के साथ पाठक को मानवता का पाठ भी पढ़ाती हैं।

सबसे बड़ा पुण्य?

उन दिनों वह एक साधारण सैनिक था और बहुत गरीब था। एक दिन वह बंदूक लेकर शिकार खेलने के लिए जंगल में गया। वह बहुत भटका पर कोई भी जंगली जानवर उसके हाथ न लगा। शाम हो रही थी। इसी बीच उसकी दृष्टि एक हिरनी पर पड़ी। हिरनी के साथ उसका नन्हा-सा बच्चा भी था। उसने अपना घोड़ा हिरनी के पीछे दौड़ा दिया। हिरनी तेजी से भागी और कहीं छिप गई। परंतु वह नन्हा-सा शावक उसके हाथ लग गया। वह हिरन-शावक को घोड़े पर चढ़ाकर लौटने लगा।

उसने पीछे मुड़कर देखा। हिरनी अपने बच्चे की ममता से खींची हुई घोड़े के पीछे-पीछे आ रही थी। वह बड़े कातर नेत्रों से उसकी ओर देख रही थी, मानो उससे अपना बच्चा मुक्त कर देने की प्रार्थना कर रही हो। बच्चे को देखकर हिरनी की आँखों से आँसू बह रहे थे। सैनिक को हिरनी पर दया आ गई। उसने उसका बच्चा नीचे छोड़ दिया और स्वयं अपने गाँव में आ गया। मृग शावक भी अपनी माँ के साथ उछलता-कूदता नौ दो ग्यारह हो गया।

रात्रि में उस सैनिक ने स्वप्न देखा। कोई देवदूत उससे कह रहा था, "सुबुक्तगीन! आज तुमने अपने जीवन में सबसे बड़ा पुण्य कमाया है जो निर्बल हिरनी का बच्चा छोड़ दिया। खुदा तुम पर बड़ा प्रसन्न है। हिरनी पर दया करने के कारण अब तुम्हारी निर्धनता जाती रहेगी। शीघ्र ही तुम्हें बादशाही मिलेगी।"

और देवदूत की बात सच निकली। समय आने पर सुबुक्तगीन गजनी का बादशाह बना। वह बड़ा रहमदिल व न्यायप्रिय शासक था। फिर उसने कभी भी मूक जीव-प्राणियों का शिकार नहीं किया।

जीव-प्राणियों की हत्या करने से बढ़कर कोई पाप नहीं है और उन्हें 'अभय' देने से बढ़कर कोई पुण्य नहीं।

डॉ. मनोहर लाल

पता: स्व. मनोहर लाल पति श्रीमती प्रेमलता वात्स्यायन, बी-20, हिम कुंज, सेक्टर-14, रोहिणी, दिल्ली-110085
मो.: 9810988821 (पत्नी)

बाल साहित्य में एक नाम डॉ. मनोहर लाल जी का भी शामिल किया जाता है। इनका जन्म 1 मई, 1948 को खूबसूरत गाँव खरोह (ननिहाल) जिला ऊना में हुआ। मनोहर लाल जी ने बड़ों के साहित्य में मौलिक लेखन के साथ शोध एवं आलोचना के साथ संपादन भी किया है। इन्होंने बाल साहित्य में बाल कहानी में अपनी कलम चलाई है।

'जीने के सही ढंग' इनकी प्रेरक बोध कथाओं की किताब है। इस पुस्तक में कुल 14 प्रेरक बोध कथाएं संकलित की गई हैं जो गुरु-शिष्य परंपरा, पशु-पक्षी, राजा-रानी, देवी-देवता, पेड़-पौधों आदि पात्रों के माध्यम से बच्चों और बड़ों में समाज के प्रति सकारात्मक नजरिए का बोध करवाती हैं। पुनर्कथन के रूप में उनकी पुस्तकें राजा भोज की कहानियाँ, खलील जिब्रान की कहानियाँ, शेख सादी की कहानियाँ, स्वामी दयानंद की कहानियाँ, महात्मा गांधी की कहानियाँ प्रमुख हैं। सरल और सहज भाषा शैली में लिखी इनकी ये पुस्तकें पाठक को आकृष्ट करती हैं।

मनहूस चेहरा

एक राजा था। वह रोज सवेरे वेश बदलकर नगर में सैर के लिए निकलता।

एक दिन राजा ने महल के बाहर कदम रखा ही था कि सामने से एक साधु आता हुआ दिखाई दिया। राजा ने मन ही मन सोचा, सुबह-सुबह साधु का मनहूस चेहरा देखा है, आज का दिन ढंग से नहीं कटेगा। यह सोचता-सोचता राजा आगे बढ़ गया।

भगवान की करनी कि राजा सारा दिन तरह-तरह के कामों में घिरा रहाँ उसे भोजन करने का भी समय नहीं मिल पाया। सारा दिन बीत गया।

शाम को राजा रानी के कमरे में गया। रानी ने पूछा, "राजन! आज का दिन कैसा रहा?"

राजा बौखला उठा, "आज का दिन तो बड़ा मनहूस निकला। मुझे भोजन करने का समय तक नहीं मिला।"

यह सुनकर रानी बड़ी दुखी हुई। बोली, "प्राणनाथ! आज आपने किसका मुँह देख लिया था सुबह-सुबह?"

राजा को याद आ गया, "एक साधु का मुँह देखा था सबसे पहले।"

रानी बोली, "महाराज, उस साधु के मनहूस चेहरे को देखने से ही आपको दिनभर परेशान रहना पड़ा। उसे बुलाकर फाँसी पर लटका दीजिए, ताकि भविष्य में वह मनहूस चेहरा किसी को देखने को न मिले।"

राजा को रानी का सुझाव पसंद आया। उसने सिपाहियों को बुलाया। साधु का हुलिया बताया और कहा, "सिपाहियो, उस साधु को सूरज निकलने तक ढूँढ़कर मेरे सामने ले आओ। मैं उसे फाँसी पर चढ़ा दूँगा। मैं नहीं चाहता कि मेरी प्रजा सुबह ही सुबह ऐसा मनहूस चेहरा देखे।"

सिपाहियों ने उस साधु को पकड़कर राजा के हवाले कर दिया। जल्लाद आए। उसे फाँसी के फंदे के पास ले गए।

राजा ने पूछा, "महात्मा जी, कोई अंतिम इच्छा हो तो बताओ।"

साधु बोला, "महाराज, आपके राज्य में एक चेहरा, मेरे चेहरे से भी ज्यादा मनहूस है। आप मुझसे पहले उसे फाँसी दीजिए।"

"क्या प्रमाण है कि वह चेहरा तुम्हारे चेहरे से ज्यादा मनहूस है?" राजा ने प्रश्न किया।

“राजन, प्रमाण के लिए हम दोनों हाजिर हैं। कल मैंने सबसे पहले आपका मुँह देखा था। उसी का नतीजा है कि मुझे फाँसी दी जा रही है।” साधु ने निडर होकर कहा।

साधु ने आगे कहा, “महाराज, मेरा मुँह देखने से आपको तो केवल काम ही अधिक रहा, भोजन ही तो नहीं मिला न, लेकिन मुझे तो फाँसी पर चढ़ना पड़ रहा है। यह कहाँ का न्याय है?”

राजा को काटो तो खून नहीं! राजा क्या करता! उसने अपना हुक्म वापस ले लिया। साधु राम नाम जपता हुआ अपनी राह पर चल दिया।

डॉ. मस्तराम कपूर

पता: मंजू सी जोमराज सुपुत्री स्व. डॉ. मस्तराम कपूर, 79बी, पॉकेट-3, फेस-1, मयूर बिहार दिल्ली-110091
मो.: 9811922788 (सुपुत्री)

हिमाचल के बाल साहित्य की दूसरी नींव हैं डॉ. मस्तराम कपूर जी। इनका जन्म जिला कांगड़ा के एक खूबसूरत और प्राचीन गाँव सकड़ी में 22 दिसंबर, 1926 को हुआ है। 1951 में लेखन की शुरुआत करने वाले डॉ. मस्तराम कपूर जी ने लेखन की शुरुआत बाल साहित्य लेखन से की और प्रचुर मात्रा में बाल लेखन किया। बाल साहित्य में किया गया उनका शोध कार्य 'हिंदी बाल साहित्य का विवेचनात्मक अध्ययन' उन्हें बाल साहित्य में एक विशिष्ट स्थान प्रदान करता है। डॉ. मस्तराम जी का निधन 2 अप्रैल, 2013 को हुआ। बाल साहित्य की यह अपूर्णनीय क्षति थी।

कपूर जी ने अपनी कहानियों में बहुत प्रयोग भी किए हैं। उनके अनुसार, 'समय के साथ भाषा का मुहावरा भी बदलता है और कुछ संकल्पनाएं भी बदल जाती हैं।'

दादी-नानी की कहानियों, कथा के छल से नीति की शिक्षा देने वाली कहानियों या कथा की चासनी से लपेटकर दी जाने वाली ज्ञानवर्धक कहानियों से अलग उनकी कहानियाँ बच्चों को उनकी अपनी दुनिया से साक्षात्कार करवाती हैं जिन्में बच्चा अपनी जिज्ञासाओं, समस्याओं और उलझनों को खुद जानने-समझने लगता है। अपनी

रचनाओं में बाल मनोविज्ञान को मस्तराम जी ने बड़ी गहराई से पकड़ा है। इस बात का अंदाजा उनकी कहानी, उपन्यास, नाटक व एकांकी को पढ़कर आसानी से लगाया जा सकता है। उनके रचे बाल साहित्य में जो रोचकता, पठनीयता और मनोरंजक शैली के साथ आसान भाषा का मेल-जोल है, वह पाठकों को उनकी रचनाओं के साथ जोड़कर रखता है। डॉ. मस्तराम कपूर जी की बाल कहानियों में किशोर जीवन की कहानियाँ भाग-1 और भाग-2, मुँह माँगा इनाम, निर्भयता का वरदान, दंड का पुरस्कार, सहेली, चोर की तलाश, ऐंगा बैंगा, बेजुबान साथी, आजा-होजा, एक थी चिड़िया (चित्रकथा), पहाड़ी मैना चुलबुल (चित्रकथा), बालकथा निधि (50 कहानियों का संग्रह) और बाल उपन्यास में नीरू और हीरू, सपेरे की लड़की, भूतनाथ, सुनहरा मेमना और बाल नाटकों में स्पर्धा (संपूर्ण नाटक), बच्चों के नाटक, पाँच बाल एकांकी, पाँच बाल नाटक आदि बच्चों की प्रमुख पुस्तकें हैं। इन्होंने पत्रिकाओं यथा 'बच्चे और हम', 'दिल्ली' आदि का संपादन भी किया है।

कूट परीक्षा

कुसुम ने कभी किसी लड़की की बुराई नहीं की। वह कक्षा की सभी लड़कियों को प्यार करती थी। छात्रावास में एक साथ रहने वाली लड़कियाँ तो उसके लिए सगी बहनों के समान थीं। कुमुद, शैला और गिरीबाला उसकी कक्षा की सहेलियाँ थीं और छात्रावास में भी एक ही कमरे में रहती थीं। सईदा और अरुणा अगली कक्षा की लड़कियाँ थीं इसलिए छात्रावास में उनका कमरा भी अलग था। फिर भी दोनों कुसुम की प्यारी सहेलियाँ थीं।

किंतु एक दिन अचानक सब कुछ बदल गया। कुसुम को लगा कि उसकी जान से प्यारी सहेलियां उसकी जान की दुश्मन बन गई हैं। आधी छुट्टी के समय वह एकांत में बैठकर अगले पीरियड की तैयारी कर रही थी। घंटी बजने पर जब वह कमरे में आई तो कक्षा की सभी लड़कियाँ उसे देखकर आपस में कानाफूसी करने लगीं। कुछ तो उसे घूर-घूर कर देखने लगीं।

बेचारी कुसुम कुछ समझ नहीं पाई। आधी छुट्टी में ऐसी कौन-सी बात हो गई जिसने सभी लड़कियों को कुसुम का दुश्मन बना दिया। फिर उसे कुछ याद आया। दूसरे घंटे में इतिहास पढ़ाने वाली कमला दीदी ने उस काम के बारे में पूछा था जो चार दिन पहले घर से कर लाने के लिए दिया गया था। उस समय सामने बैठी गिरीबाला ने उसे कुछ इशारा किया था किंतु कुसुम उस इशारे को समझ नहीं पाई थी। सारी कक्षा में केवल कुसुम ही घर का काम कर लाई थी। कमला दीदी ने सब लड़कियों को घंटे भर बेंच पर खड़ा रखा था।

कुसुम का अनुमान ठीक था। उस घटना से सभी लड़कियाँ कुसुम से मन ही मन कुढ़ रही थीं। आधी छुट्टी में कुछ लड़कियों ने सलाह की और कुसुम को मजा चखाने का निश्चय किया। गिरीबाला को उन्होंने अपना नेता बनाया क्योंकि वह स्कूल कमेटी के प्रधान की लड़की थी इसलिए सब पर उसका दबदबा था।

और उसी दिन छुट्टी के बाद छात्रावास के अपने कमरे में कुमुद, शैला और गिरिबाला योजना पर बहस कर रही थीं। कुसुम उस समय बाहर गई हुई थी। सईदा और अरुणा भी उनके पास आ बैठी थीं। कुमुद कह रही थी, "वह अपने आप को समझती क्या है? जबसे मॉनिटर बनी है, अपने आपको तीसमारखां समझ लिया है। जिसको चाहा पिटवा दिया, जब दिल चाहा दूसरों को सजा दिलवा दी।"

सईदा ने पूछा, "उसने किया क्या?"

गिरिबाला ने सारी बात समझा दी, बोली– "हुआ यह कि उसने सारी कक्षा को सजा दिलवा दी। चार दिन पहले कमला दीदी ने कुछ काम दिया था। मैंने उससे कहा कि बहन जी को कॉपी मत दिखाना। लेकिन कुसुम ने झटपट अपनी कॉपी दिखा दी।"

अरुणा ने उनकी बातों से अनुमान लगा लिया कि उन्होंने कुसुम से बदला लेने की कोई चाल सोची है। लेकिन वह चाल क्या है? इस बात को वह नहीं जानती थी। कुसुम का वह मन ही मन आदर करती थी। पीठ पीछे उसकी बुराई सुनना उसे अच्छा नहीं लगा इसलिए वह कमरे से निकलकर हॉकी का मैच देखने चल दी।

उसके जाने के बाद लड़कियाँ कुछ देर तक आपस में बातें करती रहीं और कुसुम को छकाने की कल्पना करके हँसते रहीं। इतने में उन्हें कुसुम आती दिखाई दी। गिरीबाला और सईदा भागकर दूसरे कमरे में चली गईं। शैला ने अपने बाल बिखेर लिए, कपड़े अस्त-व्यस्त कर लिए जैसे उसे किसी ने पीटा हो। जब कुसुम ने कमरे में प्रवेश किया तो शैला दोनों हाथों से मुँह ढककर रोने लगी।

"क्या हुआ शैला? कुसुम ने पूछा।

शैला और भी जोर से रोने लगी।

"अरी, रोती क्यों है?" कुसुम ने फिर पूछा, "बोल तो सही। किसी ने मारा तुझे? तू उसका नाम बता, मैं अभी उसे ठीक करती हूँ।"

शैला और भी जोर-जोर से हिचकियाँ भरती रही। इतने में दूसरे कमरे से कुमुद, गिरीबाला और सईदा भी आ गईं।

कुमुद ने पूछा, "क्या हुआ शैला? किसने पीटा तुम्हें?"

गिरीबाला ने कहा, "कुसुम ने पीटा?"

शैला के मुँह से अपना नाम सुनकर कुसुम चौंक पड़ी। उसने कहा– "अरे, मैंने कब पीटा? मैं तो तुम्हें पूछ रही थी।"

कुमुद ने आगे बढ़कर कहा, "पूछ रही थी या पीट रही थी? हम सब ने देखा कि तू उसके बाल नोच रही थी। जा सईदा, बहन जी को बुला ला।"

कुसुम बोली, "कुमुद बहन, मैं विद्या की कसम खाकर कहती हूँ, मैंने इसे हाथ भी नहीं लगाया।"

शैला अब कुसुम के सामने तन कर खड़ी हो गई। बोली, "क्यों, तुमने

आते ही मुझे धक्का नहीं दिया? मुझे बालों से पकड़कर खींचा नहीं तुमने?"

"इतना झूठ मत बोलो शैला।" कुसुम दुखी होकर बोली, "भला मैं तुम्हें क्यों पीटती? मेरा तुमने क्या बिगाड़ा है?"

किंतु उसकी सफाई को किसी ने नहीं सुना। सईदा छात्रावास की अधीक्षिका नंदिनी बहन जी को बुलाने चली गई। कुछ देर में ही नंदिनी बहन कमरे में आयीं। सभी लड़कियों ने एक स्वर होकर नंदिनी बहन जी को बताया कि कुसुम ने शैला को बेकसूर पीटा है, उसके बाल नोचे हैं और उसे घूंसे मारे हैं। किंतु कुसुम ने बार-बार यही बात दोहराई कि मैंने कुसुम को नहीं पीटा है। जब मैं कमरे में आई तो यह रो रही थी। नंदिनी को इस बात पर बहुत क्रोध आया कि कुसुम बराबर झूठ बोलती जा रही है। छड़ी हाथ में लेकर क्रोध से कांपते हुए नंदिनी बहन प्रश्न पर प्रश्न किए जा रही थी और कुसुम बिल्कुल निडर होकर प्रश्नों का उत्तर दिए जा रही थी।

"बताओ, तुमने शैला को क्यों मारा?"

"जी, मैंने नहीं मारा।"

"बदतमीज लड़की। एक तो गलती करती है, ऊपर से झूठ बोलती है। निकालो हाथ।"

"मैं हाथ आगे नहीं करूँगी। आप चाहें तो मेरी चमड़ी उधेड़ दें।"

"तो क्या ये सब लड़कियाँ झूठ बोल रही हैं?"

"हाँ, ये सब झूठ बोल रही हैं।"

"क्या तुम्हारी इनके साथ दुश्मनी है?"

"मेरी किसी के साथ दुश्मनी नहीं।"

"तो फिर ये झूठ क्यों बोलेंगी?"

"मैं नहीं जानती। मैं अपनी बात कह सकती हूँ कि मैंने शैला को नहीं पीटा है।"

"मैं दस की बात झूठी मानकर एक की बात सच कैसे मान लूं? निकालो हाथ।"

"मैं हाथ आगे नहीं करूँगी। आप चाहें मुझे मार सकती हैं।"

"कुसुम मैं आज्ञा देती हूँ, हाथ आगे निकालो।"

"क्या आप मुझे अपराध को मानने के लिए कह रही हैं जिसे मैंने नहीं किया।"

"खामोश, नालायक लड़की, मेरे सामने जबान चलाती है?"

और नंदिनी आपे से बाहर होकर कुसुम को छड़ी से पीटने लगी। इतने में अरुणा ने कमरे में प्रवेश किया। नंदिनी बहन जी का क्रोध देखकर वह सहम गई। कुसुम कह रही थी– "मारिए, मारिए और मारिए। अपना दिल ठंडा कर लीजिए। शायद उसके बाद आप मेरी बात पर अच्छी तरह विचार कर सकेंगी।"

"तुम अब भी अपनी गलती नहीं मानोगी? मैं पूछती हूँ तुमने शैला को क्यों मारा?"

"मैंने नहीं मारा।"

अरुणा अब तक सारी स्थिति समझ गई थी। उसने कहा– "कौन कहता है कि कुसुम ने शैला को मारा है? यह झूठ है।"

वह आवेश में कुछ और भी कहने वाली थी किंतु नंदिनी बहन के क्रोध को देखकर वह चुप हो गई। वह जानती थी कि लड़कियों ने कुसुम को पिटवाने के लिए चाल चली है। लेकिन समस्या यह थी कि नंदिनी दीदी को विश्वास कैसे कराया जाए। उसने पिछले कल ही एक कहानी पढ़ी थी जिसमें ऐसी समस्या थी। झूठे आदमी ने कई झूठे गवाह न्यायालय में पेश किए थे और सच्चे आदमी के पास एक भी गवाह नहीं था।

नंदिनी दीदी के पूछने पर उसने बताया कि वह कुसुम को निर्दोष समझती है और वह इसे सिद्ध कर सकती है। उसने सुझाव दिया कि सब लड़कियों को दूसरे कमरे में भेज दिया जाए और फिर एक-एक लड़की को बुलाकर पूछा जाए। नंदिनी दीदी ने उसका सुझाव मान लिया और सब लड़कियों को दूसरे कमरे में जाने की आज्ञा दी।

सबसे पहले गिरीबाला को बुलाया गया और अरुणा ने उससे प्रश्न किए– गिरी, तुमने जब शैला को देखा तो शैला कहाँ थी और कुसुम कहाँ थी?"

"शैला अपनी चारपाई के पास खड़ी थी और कुसुम उसे पीट रही थी।"

"फिर तुमने क्या किया?"

"मैंने कुसुम को खींचकर अलग किया।"

"तुम्हारी इस काम में किसने मदद की?"

"और सब लड़कियाँ खड़ी तमाशा देखती रहीं।"

गिरीबाला को वहीं बिठाकर अरुणा दूसरे कमरे में गई और सईदा को अपने साथ ले आई। उससे भी अरुणा ने वैसे ही प्रश्न पूछे– "सईदा, तुमने जब देखा तो शैला कहाँ थी और कुसुम कहाँ थी?"

"शैला जमीन पर गिरी हुई थी और कुसुम उसकी छाती पर बैठी हुई थी।"

"फिर तुमने क्या किया?"

"मैंने कुसुम को खींचकर अलग किया और फिर शैला को उठाया।"

"तुम्हारी इस काम में किसने मदद की?"

"यह काम मैंने अकेले ही किया, फिर दूसरी लड़कियाँ आकर शैला को चुप कराने लगीं।"

सईदा को कमरे में बिठाकर अरुणा अब कुमुद को बुला लाई।

कुमुद कुछ घबरा गई थी इसलिए अरुणा ने उसे कुछ देर सुस्ताने दिया और फिर वही प्रश्न उससे भी पूछे– "कुमुद, तुमने जब देखा तो शैला कहाँ थी और कुसुम कहाँ थी?"

"शैला कुसुम की चारपाई पर गिरी हुई थी और कुसुम उसे पीट रही थी।"

"फिर तुमने क्या किया?"

"मैंने दोनों को छुड़ा दिया।"

"तुम्हारी इस काम में किस-किस ने मदद की?"

"गिरीबाला और सईदा ने।"

अब अरुणा ने शैला को अंदर बुलाया और उससे प्रश्न पूछने लगी– "शैला, जब कुसुम ने तुम्हें पीटा तो तुम कहाँ थी और कुसुम कहाँ थी?"

"मैं दरवाजे के पास खड़ी हुई थी। इसने आते ही मुझे धक्का मारकर गिरा दिया। गिरीबाला की चारपाई से जा टकराई, फिर वहीं पर उसने मुझे पीटा।"

"तुम दोनों को किसने छुड़ाया?"

"लड़कियाँ आयीं तो इसने झटपट मुझे छोड़ दिया और कहने लगी कि मैंने तो हाथ भी नहीं लगाया।"

गवाहों की कूट परीक्षा समाप्त हुई तो अरुणा ने नंदिनी दीदी की ओर इस प्रकार देखा जैसे वकील जज की ओर देखता है। नंदिनी दीदी ने अब अपनी छड़ी संभाली और चारों लड़कियों की ओर देखकर कहा– "तुम चारों ने झूठ बोला है। कुसुम पर झूठा आरोप लगाकर तुमने इसे सजा दिलाई है। इसका तुम्हें कड़ा दंड मिलेगा। तुम्हें छात्रावास छोड़ देना पड़ेगा। क्या तुम्हें कुछ कहना है?"

कुमुद, गिरीबाला और शैला आदि लड़कियों ने जब देखा कि यहाँ तो लेने के देने पड़ गए तो वे गिड़गिड़ाकर नंदिनी दीदी से माफी माँगने लगीं। कुमुद ने आगे बढ़कर कहा- "हमें क्षमा कीजिए बहन जी। सचमुच हमने झूठ बोला था। हमने कुसुम को पिटवाने के लिए सारी चाल चली थी। हम बहुत शर्मिंदा हैं।"

किंतु नंदिनी दीदी ने उसकी एक बात नहीं सुनी और वह बाहर जाने लगी।

तभी कुसुम ने आगे बढ़कर कहा- "बहन जी, इन्होंने मुझे बेकसूर पिटवाया। लेकिन मेरे मन में अब जरा भी क्रोध नहीं है क्योंकि इन्होंने अपनी गलती को मान लिया है। आपसे प्रार्थना है कि आप भी इन्हें क्षमा कर दें।"

कुसुम की बात सुनकर नंदिनी दीदी का क्रोध शांत हो गया। उन्होंने कुसुम को गले से लगा लिया और फिर भर्रायी हुई आवाज में कहा- "कुसुम, जब तुम इन्हें क्षमा कर रही हो तो मुझे दंड देने का कोई अधिकार नहीं है। लेकिन क्या तुम मुझे भी माफ कर दोगी? मैंने तुम्हें बिना विचारे दंड दिया है। यह तो और भी बड़ा अपराध है न।"

कुसुम बोली, "दीदी, आप ऐसा क्यों कह रही हैं? मैंने कहा न कि मेरे मन में जरा भी गुस्सा नहीं है।"

अरुणा कुछ दूर खड़ी मुस्कुरा रही थी। नंदिनी दीदी ने उसे अपने पास खींच लिया और उसे प्यार करते हुए बोली- "तुम तो अच्छी वकील बन गई हो। कहाँ सीखा तुमने यह सब?"

अरुणा बोली- "दीदी मैंने कल ही एक कहानी पढ़ी थी।"

"ईश्वर करे तुम बहुत कामयाब वकील बनो और देश की न्याय-व्यवस्था में महत्त्वपूर्ण योग दो।" यह कहकर नंदिनी दीदी कुसुम और अरुणा के कंधे पर हाथ रखकर कमरे से बाहर निकल गईं।

पवन चौहान

पताः गाँव व डाकघर-महादेव, तहसील-सुंदरनगर, जिला-मंडी (हि.प्र.) 175018
मो. : 9805402242, 9418582242
ईमेल : chauhanpawan78@gmail.com

जिला मंडी के सुंदरनगर क्षेत्र के अंतर्गत खूबसूरत गाँव महादेव में 3 जुलाई, 1978 को युवा साहित्यकार पवन चौहान का जन्म हुआ है। बाल साहित्य में ये बाल कहानी रचते हैं जो देशभर की सभी पत्र-पत्रिकाओं में निरंतर प्रकाशित हो रही हैं। हिमाचल के बाल साहित्य को सहेजने और पाठकों के सामने लाने में पवन लगातार प्रयासरत हैं। पवन चौहान ने पत्र-पत्रिकाओं के 'बाल विशेषांकों' तथा बाल साहित्य विमर्श आदि में अतिथि संपादक की भूमिका निभाई है। पवन एक शिक्षक हैं और बच्चो के बीच रहकर उन्हे साहित्य पठन और लेखन के लिए प्रेरित करते हैं। इन्होने अपने विद्यालय में दीवार पत्रिका 'बाल उद्यान' का श्रीगणेश कर हिमाचल में दीवार पत्रिका के मकसद को पंख दिए हैं।

इनकी बाल कहानी पुस्तक 'भोलू भालू सुधर गया' का वर्ष 2018 में प्रकाशन हुआ है। इस पुस्तक में कुल 15 कहानियाँ शामिल हैं। पुस्तक की कहानियाँ बच्चों का जहाँ मनोरंजन करती हैं वहीं उन्हें अपनी दुनिया को समझने का भी अवसर प्रदान करती है। इनकी कहानियाँ रोचकता के साथ वैज्ञानिक दृष्टिकोण तथा बाल मनोविज्ञान के पक्षों को बेहतरी से पाठक के समक्ष प्रस्तुत करती हैं।

तरकीब खेल की

पारुल को बहुत बुरा लग रहा था। अध्यापिका ने आज फिर से पूरी कक्षा के सामने शिवांगी के न पढ़ने की बात कही थी। शिवांगी उसकी छोटी बहन थी जो पहली कक्षा में पढ़ती थी जबकि पारुल पाँचवीं में थी। शिवांगी पढ़ने में कमजोर थी। वह सिर्फ टी.वी. में कार्टून देखती और खेलती। परंतु उसे कुछ भी लिखने और किसी भी विषय को याद करने में जरा भी दिलचस्पी नहीं थी। शिवांगी पहली में पहुँचकर भी अभी तक ठीक ढंग से रंगों के नाम, दिनों के नाम तथा गिनतियों तक के हिज्जे सही ढंग से न याद कर पाई थी और न ही उन्हें लिख पाती थी। बाकी और कहने को बचा ही क्या?

इसके चलते प्रधानाचार्य के सामने कई बार पारुल के माता-पिता को हाजरी लगानी पड़ी। अध्यापकों ने बताया कि यह कक्षा में ढंग से बैठती ही नहीं है। जब अध्यापक पढ़ा रहे होते हैं तो इसका ध्यान कक्षा में जरा भी नहीं होता है। माता-पिता ने भी यही सब कहा, "यह बहुत लापरवाह है। पढ़ने के लिए कहने पर कहती है, 'मैं बाद में पढ़ लूँगी।' लेकिन यह अपनी गुड़िया, अपने खिलौनों संग हमेशा ही खेलती रहती है या फिर टी.वी. के सामने बैठ जाती है। अब इसे डाँटें या मारे भी तो कितना? आपको और हमें मिलकर ही अब इसका हल निकालना होगा।"

"जरूर-जरूर।" सभी अध्यापकों ने एक साथ कहा।

लेकिन आज जब अध्यापिका ने यह शिवांगी के न पढ़ने की बात की थी, तब से ही पारुल का मन उथल-पुथल कर रहा था। वह शिवांगी का मन पढ़ाई की तरफ लगाना चाहती थी ताकि उसकी वजह से उसे और उसके माता-पिता को बार-बार बेइज्जत न होना पड़े। इसके लिए उसके मन में एक तरकीब आई। उस पर उसने आज से ही काम भी शुरु कर दिया था।

शाम को पारुल की दोनों सहेलियां पूनम और रश्मि उसके घर आई हुई थीं। आज वे तीनों 'रंगों का खेल' खेलने जा रही थीं। परंतु शिवांगी इसमें शामिल न थी। पहले तीनों ने अपने हाथों को उल्टा-पुल्टा करके पहली, दूसरी और तीसरी बारी का चयन किया। फिर तीनों ने अपनी हथेलियों को जमीन पर रखा। पहली बारी पूनम की थी। उसने अपनी एक हथेली को रखा और कहने लगी-

"रंगों से भरी बाल्टी
उसमें खूब सारे रंग
बोलो कौन-सा रंग चाहिए?"

पारुल बोली, "रैड।"

नीचे रखे हाथों की अलग-अलग उंगलियों पर अपनी उंगली से अंग्रेजी में आर.ई.डी. के एक-एक अक्षर को कहते हुए बारी-बारी सबकी उंगलियाँ छूने लगी। पारुल की तीसरी उंगली पर डी० आया तो वह रुक गई और डी० वाली उंगली को उसने मोड़ दिया। अब अगली बार उस मुड़ी उंगली को नहीं छुआ जाना था।

शिवांगी उनके इस खेल को बड़े ध्यान से देख रही थी। यही तो पारुल भी चाहती थी। उसके बाद 'यलो' रंग को माँगा गया। इस बार इसका अंतिम अक्षर 'डबल्यु' रश्मि की उंगली पर आया तो रश्मि ने अपनी उस उंगली को मोड़ दिया। इसी प्रकार हर बार अपनी पसंद का रंग माँगकर, फिर उसके हिज्जे का एक-एक अक्षर हर उंगली पर बोलकर, यह खेल खेलने में बड़ा ही मजा आ रहा था। यदि कहीं कोई हिज्जे सही नहीं बोल पाता तो उसकी जगह दूसरे की बारी आती। यह खेल बहुत मजेदार था। ऐसा करते-करते सारी उंगलियाँ सबसे पहले जिसकी मुड़ी, वह रश्मि थी। रश्मि इसमें जीत गई थी। खेल के नियम के मुताबिक रश्मि को इसमें अपने हाथ हटा लेने थे। अतः उसने अपने हाथ पीछे कर लिए। अब यह खेल पारुल और पूनम के बीच रह गया था। इसमें इस बार पारुल जीती और पूनम हार गई। फिर जीतने वाले से हारने वाले के लिए सजा पूछी गई तो रश्मि ने पूनम को सबको एक-एक टॉफी खिलाने की सजा सुनाई। अब रंगों की पसंद पूछने पूनम थी।

शिवांगी को यह खेल देखकर बड़ा मजा आ रहा था। वह बोली, "दीदी, मुझे भी यह खेल खेलना है।"

इस पर पारुल बोली, "शिवांगी, तुम यह खेल नहीं खेल पाओगी क्योंकि इस खेल में रंगों के हिज्जे आने चाहिए। क्या तुम्हे रंगों के हिज्जे आते हैं?"

"नऽऽऽ नहीं। पर कुछ-कुछ याद हैं।" शिवांगी बोली।

"कुछ-कुछ से काम नहीं चलेगा। बिना हिज्जे के यह खेल तुम कैसे खेल सकती हो? यही तो मुख्य है इसमें।" पूनम बोली।

"यदि मैं सारे रंगों के हिज्जे याद कर लूँ तो क्या मैं फिर खेल सकती हूँ?" शिवांगी मासूमियता भरे लहजे में बोली।

"बिल्कुल, तब तुम जरूर खेल सकती हो।" रश्मि ने कहा।

यह सुनकर शिवांगी बहुत खुश हुई और फटाफट स्कूल बैग से अपनी अंग्रेजी की कॉपी निकालकर रंगों के नाम याद करने लग गई।

दूसरे दिन तीनों सहेलियां फिर एक साथ थीं। शिवांगी भी उनके पास पहुँच गई और बोली, "दीदी, आज मैंने सभी रंगों के हिज्जे याद कर लिए हैं। आप चाहें तो मुझसे सुन लें। आज मैं भी आपके साथ खेलना चाहती हूँ।"

इस पर पारुल बोली, "लेकिन शिवांगी, आज तो हम सप्ताह के नामों के साथ यह खेल खेलने वाले हैं। हर दिन हम अलग-अलग विषय को लेकर खेलते हैं। क्या तुम्हे अंग्रेजी में सप्ताह के नामों के हिज्जे पता हैं?"

"नहीं, मैं उन्हें बीच-बीच में भूल जाती हूँ।" शिवांगी उदास होते हुए बोली।

"फिर तुम कैसे खेल पाओगी! ऐसा करो जब तक हम खेल रहे हैं तब तक तुम दूसरे कमरे में जाकर इन्हे फटाफट याद करके ले आओ। यदि याद हो गए तो तुम भी खेल सकती हो।"

खेलने के लिए शिवांगी ने फटाफट अपनी कॉपी उठाई और दूसरे कमरे में चली गई। लेकिन जब तक वह उन्हे याद करके आई तब तक काफी समय बीत चुका था। अब तक खेल समाप्त हो चुका था।

यह सब देखकर शिवांगी बहुत उदास हुई। वह आज भी खेल नहीं पाई। जब रश्मि और पूनम घर जाने लगी तो पूनम ने शिवांगी से कहा, "शिवांगी, कल हम गणित के एक से लेकर बीस तक की गिनती का अंग्रेजी में हिज्जे का खेल खेलेंगे। यदि तुम्हे खेलना होगा तो तुम इन्हे याद कर लेना।"

यही सुनने की देरी थी कि शिवांगी झटपट गणित की कॉपी उठाकर याद करने लग गई। खेल-खेल में शिवांगी ने सब याद कर लिया। यही नहीं, उसने इस चिंता में तीस तक की गिनती याद कर ली। ताकि कल खेल खेलने में कोई कमी न रहे।

आज शिवांगी भी पूरे आत्मविश्वास के साथ उनके साथ बराबर खेल रही थी। आज टीम में चार खिलाड़ी थे और खेल का मजा भी खूब आ रहा था। शिवांगी में यह बदलाव देखकर पारुल मन ही मन बहुत खुश हो रही

थी। उसकी योजना ने अपना असर दिखाना शुरु कर दिया था। आज के इस खेल में शिवांगी की जीत हुई। शिवांगी आज बहुत खुश थी।

पारुल भी खुश थी। आज अध्यापिका कक्षा में बता रही थी कि शिवांगी अब मन लगाकर पढ़ने लग गई है।

जब खेल खत्म हुआ तो शिवांगी बोली, "दीदी, कल मुझे क्या याद करना होगा?"

"कल हम इस खेल को बारह महीनों के नाम के साथ खेलेंगे।" पूनम बोली।

"ठीक है दीदी। मैं कल के लिए तैयार रहूँगी।" यह कहकर शिवांगी अपने बैग से अंग्रेजी की कॉपी निकालने लग गई।

पारुल योजना में साथ देने के लिए अपनी दोनों सहेलियों को मन ही मन धन्यवाद कर रही थी।

प्रभात कुमार

पता : गुलिस्तान-ए-साथी, पक्का तालाब, नाहन (हि.प्र.) 173001
मो.: 9816244402
ईमेल: santoshutsuk@gmail.com

4 फरवरी, 1956 को अंबाला शहर में जन्में प्रभात कुमार जी वे साहित्यकार हैं जिन्होंने अपना लेखन संतोष उत्सुक, आभास पंडित व अनुभूति पंडित नामों से किया है। वर्तमान में हिमाचल प्रदेश के सिरमौर जिला के नाहन में इनका निवास स्थान है। बड़ों के साहित्य और बाल साहित्य को मिलाकर इनकी लगभग 1500 रचनाएँ प्रकाशित हो चुकी हैं। बाल साहित्य में इनकी विशेष रुचि बाल कहानी व कविता को लेकर है। इनकी बाल कहानियाँ जनसत्ता, नंदन, राजस्थान पत्रिका, दैनिक ट्रिब्यून, अमर उजाला, गिरिराज आदि में प्रकाशित हुई हैं।

वर्तमान में बच्चों की आदतों और घटनाओं को लेकर बाल कहानियाँ लिख रहे हैं। भविष्य में बाल कहानियों व कविताओं का संग्रह प्रकाशित करने की योजना है।

थोड़ी सावधानी बेहतर अंक

शेखू सभी विषयों पर मेहनत करता था। वह रोजाना खूब पढ़ता और उसे याद भी हो जाता था। परीक्षा जब भी होती वह झटपट प्रश्न पत्र हल कर निश्चित समय से पहले हॉल से बाहर आ जाता था। इस बात पर उसके सहपाठी भी हैरान होते थे लेकिन उसके अंक कम आते थे। इस बात से वह खुद व उसके दोस्त भी दुखी होते थे। उसके पापा को भी समझ नहीं आ रहा था कि गलती कहाँ हो रही है। उन्होंने गौर से उसकी उत्तर पुस्तिका जाँची तो पता चल गया कि गड़बड़ कहाँ है। बात यह थी कि जब शेखू लिखता था तो जल्दी में मात्राओं व हिज्जों की काफी गलतियाँ कर देता था। वह अपना याद किया उत्तर फटाफट लिख देता था। यहाँ तक कि कई बार अपना लिखा उससे खुद भी नहीं पढ़ा जाता था। इससे अध्यापकों को भी बहुत परेशानी होती थी। नतीजन उसके अंक कट जाते थे और कुल प्रतिशत भी कम हो जाता। तब शेखू को अच्छा नहीं लगता था। वह कई बार रो पड़ता था कि मेहनत के बावजूद उसे पूरे अंक नहीं मिले। मगर गलती भी तो उसी की थी। अब उसे पता भी चल गया था। उसके पापा ने एक दो बार उसे खूब डांटा, मगर ज्यादा सुधार नहीं हो पाया।

एक दिन वे एक पत्रिका पढ़ रहे थे। जिसमें एक कर्मचारी के बारे में बताया गया था जो जल्दबाजी में पत्र ड्राफ्ट कर अपने मैनेजर को दिखाता था। वह उसे हर बार नापसंद कर देता था। उसे दोबारा लिखकर लाने को कहता था। मगर वह कर्मचारी सफल नहीं हो रहा था। मैनेजर ने उसे बुलाया और कहा मेरे सामने बैठो और एक-एक शब्द आँखें खोलकर, एकाग्रचित होकर, सधे हुए हाथों से लिखो और फिर चैक भी करो कि गलती तो नहीं हुई। कर्मचारी ने पूरा ध्यान दिया और सफल रहा। इस बात से प्रेरित हो शेखू के पापा ने उसे समझाया, "देखो, तुम्हें सब याद होता है। उसके बावजूद भी गलतियाँ करना लापरवाही है। अब तुम्हें वह सब, तब तक बार-बार लिखना पड़ेगा जब तक पूरा ठीक न हो जाए।"

शेखू ने कहा, "पापा मैं भी महसूस करता हूँ कि जल्दबाजी करने और लिखने के बाद चैक न करने के कारण ही मेरे अंक कम आते हैं।"

शेखू ने पूरा पृष्ठ लिखा तो उसमें काफी गलतियाँ थी। उसके पापा ने

उसे फिर लिखने को कहा, अबकी बार उसमें थोड़ी कम गलतियाँ रहीं। पापा ने तीसरी बार लिखने को कहा, शेखू ने इस बार पूरे ध्यान से लिखा। इस बार उसने मैदान मार लिया। उसने कोई गलती नहीं की। पापा ने उसे शाबाशी दी और अपने पास बैठाकर समझाया, "तुमने तीसरी बार में ठीक लिखा और पूरे अंक लिए। देखो, तुम अनुमान लगाओ कि एक पेज एक बार लिखने में तुम्हें 15 मिनट लगे। तीन बार लिखने में 45 मिनट लगे। अगर तुम पहली बार ही जल्दी न करके ध्यान लगाकर, शब्द और वाक्यों को, सुलेख का ध्यान रखकर लिखो तो लगभग 20 मिनट लगेंगे। यानी तुम्हारे 25 मिनट बचेंगे। जिनमें तुम अपना उत्तर जाँच सकते हो, दूसरा प्रश्न कर सकते हो। इस तरह तुम्हारे अंक भी ज्यादा आएँगे। जरा एक बार करके देखो।"

शेखू ने आराम से बैठकर कुछ देर सोचकर अपने आप से वायदा किया। परीक्षा में एकाग्रता से लिखते हुए साथ-साथ चैक करता रहा, कोशिश की कि गलती न हो। बचे हुए समय में गलतियाँ ठीक की। समय पूरा होने तक हाल से बाहर नहीं गया। अपने उत्तर बार-बार जाँचे। इसका परिणाम अच्छा आना ही था। उसे परीक्षा में ज्यादा अंक और बाद में पुरस्कार भी मिला जो उसे स्कूल द्वारा दिया गया। मम्मी-पापा ने भी उसकी मेहनत की खूब सराहना की।

प्रतिभा शर्मा

पता: रा.व.मा.पाठशाला कल्लर,
जिला-बिलासपुर, (हि.प्र.)
174001
मो.: 9418178006
ईमेल: pratibhasharma237@
gmail.com

करेले, संतरे और आम की खेती के लिए प्रसिद्द गाँव छतरोली, जिला कांगड़ा में 28 अप्रैल, 1982 को प्रतिभा शर्मा जी का जन्म हुआ है। पेशे से शिक्षिका युवा साहित्याकारा प्रतिभा शर्मा जी की कलम भी बाल साहित्य में कविता और कहानी को रचती है। इनकी रचनाएँ देश की पत्र-पत्रिकाओं में निरंतर प्रकाशित होती रहती हैं।

इनका प्रथम कहानी संग्रह 'संस्कार आज भी हैं' वर्ष 2020 में प्रकाशित हुआ है। इस संग्रह में कुल 18 कहानियाँ शामिल की गई हैं। इस संग्रह की कहानियाँ संस्कारों से ओत-प्रोत हैं। इन कहानियों में जहाँ हिमाचली संस्कृति की झलक मिलती है वहीं बालमन की सूक्ष्म अनुभूतियां, सामाजिक विसंगतियों को दूर करते हुए बालकों को सन्मार्ग की ओर अग्रसर होने का सन्देश भी मिलता है। यह इस कहानी संग्रह की विशेषता है। इनका एक बाल कविता संग्रह भी प्रकाशनाधीन है।

बुल और बुलबुल

खुशी-खुशी अपने नीड़ में अन्धेरे की गोद में सिर रखकर बुल-बुलबुल सो गए। अभी हल्की-सी नींद आई थी कि गर्माहट का एहसास हुआ। बुल ने सोचा आज शायद रात गर्म है। काफी समय से वर्षा न होने से गर्मी बढ़ गई है। कुछ ही क्षण बाद उसे लगा मानो सूर्य निकल आया है। नीड़ से बाहर उठकर झाँका तो उसके होश उड़ गए।

"हे प्रभु! इन मनुष्यों ने क्या कर दिया? अपने बारे में ही सोचते हैं। अब मैं अपनी बुलबुल जो कुछ ही दिनों में माँ बनने वाली है, को लेकर कहाँ जाऊँ?.....मेरी प्रिया ज्यादा उड़ भी तो नहीं सकती। मैं क्या करूँ?" बुरे ख्याल उसका हृदय कचोटने लगे। "कहीं हमें कुछ हो गया तो?"

बुलबुल को बुल के जगने का एहसास हुआ, बोली- "आप सोए क्यों नहीं?"

बुल बोला- "प्रिय! मानव हमें कहाँ सोने दे सकता है। दिन में शिकारी डराते हैं तो रात में जंगल में आग लगा देते हैं। आज भी आग लग गई है।"

बुलबुल- "अब हम कहाँ जाएँगे?"

बुल- "तुम घबराओ नहीं, मैं हूँ न।"

बुलबुल ने अपने होने वाले बच्चों को याद किया। मन ही मन सोचा, मैं इन्हें अग्नि के हवाले नहीं कर सकती। इन्हें दुनिया में जरूर लाना है।

बुलबुल- "प्रिय चलो, उड़कर कहीं चलें।"

दोनों ने अपने पँख पसार दिए। अन्धेरा इतना घना था कि रास्ता नहीं दिख रहा था।

बुल और बुलबुल राह भटक गए। कई बार अग्नि में स्वाहा होते-होते बचे। हिम्मत और बहादुरी से जंगल से बाहर निकलने में सफल हुए। अन्य पक्षी जानवर भी विलाप कर रहे थे। बन्दरों का तो बुरा हाल था।

बुलबुल पक्षियों से बोली- "हिम्मत रखो। बताओ कहीं नजदीक पानी है क्या?"

गोलू मोर बोला, "ज्यादा उड़ना पड़ेगा। थोड़ी दूर सतलुज नदी है।"

दम्पत्ति जोड़े ने खूब प्रयत्न किया और नदी के किनारे पहुँच गए। नदी धीमी-धीमी गति में बह रही थी।

बुल- "बुलबुल अपने पँखों को पानी से धो लो और पानी पी लो।"

बुलबुल खूब रोई। कहने लगी- "हमारा भी कोई जीना है? न रहने को घर, न ठिकाना। मनुष्य को तो गगनचुम्बी इमारतें परंतु हमारा तिनकों का घोंसला भी ईश्वर नहीं बचाते।" बुलबुल खूब बिलखी।

बुलबुल का विलाप नदी सुन रही थी। नदी बोली- "बुलबुल क्यों दु:खी है? ये इंसान हैं ही ऐसे। प्रकृति के कण-कण को छेड़ते हैं। पर जल्द ही प्रकृति इनसे बदला लेगी। इन्हें भयंकर गर्मी से जूझना पड़ेगा। हम नदियाँ इनकी वजह से सूख रही हैं। ये पानी के बिना मर जाएँगे। हे बुलबुल, मीठे गीत गाकर इन्हें समझाओ। यदि समझ गए कि प्रकृति को हानि नहीं पहुँचाएंगे तो ठीक, वरना भयंकर कष्टों का सामना करना पड़ेगा। नदियों में कूड़ा फेंकनें से समझाओ। वायु भी अशुद्ध कर दी है। बताओ जो दूसरों का बुरा करता है, उसका कभी अच्छा नहीं होता।"

बुलबुल रोई। बोली- "हे नदी माँ! मैं इंसानों का बुरा नहीं चाहती। यह सृष्टि की सबसे खूबसूरत रचना है। बस, इन्हें "जिओ और जीने दो" की परिभाषा समझाना चाहती हूँ। मेरे बच्चे इस दुनिया में आएँ और डाली-डाली झूम-झूम कर सन्देशा पहुँचाएं कि जंगल मत काटो। मेरे बच्चे भी इस सुन्दर धरती को देखें। मनुष्यों की भावी पीढ़ी को मैं पर्यावरण से प्यार करते देखना चाहती हूँ। हे माँ! मनुष्यों को सही काम करने का आशीर्वाद दो।"

बुलबुल की बातें सुन नदी प्रसन्न हुई।

बुलबुल ने अपनी प्यास बुझाई और बुल के साथ भविष्य के सुखद सपनों में खो गई।

डॉ. प्रत्यूष गुलेरी

पताः कीर्ति कुसुम, सरस्वती नगर, पोस्ट दाड़ी, धर्मशाला, हिमाचल प्रदेश - 176057
मोबाइलः 9418121253

जिला कांगड़ा के चर्चित गाँव गुलेर में 4 अप्रैल, 1947 को जन्में डॉ. प्रत्यूष गुलेरी जी वर्ष 1966 से बाल साहित्य में निरंतर सक्रिय हैं। बाल कविताओं के साथ बाल कहानियाँ तथा लोककथाएं भी प्रत्यूष जी लिखते हैं। इन्होंने कुछ पुस्तकों का संपादन भी किया है।

प्रत्यूष गुलेरी जी की बाल कथाओं में दादी की दिलेरी, गुलेर का राजा, आधी पूंछ वाला राक्षस नेशनल बुक ट्रस्ट से प्रकाशित लोक कथाएं हैं। इसके अलावा 'बाल कहानियाँ' शीर्षक से इनका नया संग्रह प्रकाशनाधीन है। इसमें कुल 14 कहानियाँ का संकलित हैं। 'बालगीत' नाम से 2009 में राष्ट्रीय पुस्तक न्यास प्रकाशित पुस्तक, कुल 24 बालगीतों का संकलन है, जिसमें प्रकृति, पशु-पक्षी, पेड़-पौधों, बादलों, सितारों, मौसमों, उत्सव-त्योहारों समेत बच्चों के विविध लोकप्रिय विषयों को सम्मिलित किया गया है। बालगीतों में गेयता, भाषा की सरलता मन को भाती है। चित्रांकन भी बच्चों को सहज ही आकर्षित करता है। इसके अलावा वर्ष 2018 में इनकी बाल कविताओं की पुस्तक 'मेरी 57 बाल कविताएं' नाम से प्रकाशित हुई है, जिसमें कवि ने बालपक्ष की हर संवेदना को छुआ है। इस पुस्तक में पर्यावरण, देशप्रेम, पक्षी, रिश्ते नातों आदि की बात करते हुए कवि ने इन कविताओं को रचा है।

दु:ख तो दु:ख ही है

दोपहर का समय था। पिता बाहर काम पर गए थे। माँ घर के सब काम-धन्धे निपटा कर रोज की तरह कमरे में सोने लगी थी। बच्चे अपने-अपने कमरों में थे। सोते हुए माँ को आँगन के साथ लगे बागीचे में पशुओं के खुरों की आवाजें सुनाई दीं। माँ सुबह से दोपहर तक घर से काम करते-करते थक चुकी थी। उसने बिस्तर में पड़े-पड़े शंकर को आवाज दी। "शंकर, ओ शंकर! सुनो, मैं कहती हूँ बागीचे में पशु घुस आए हैं। खा जाएँगे आम, पलम, नाशपाती और अनार आदि के पौधों को। सुनता है कोई कि नहीं- गोपाल, गिरधर अरे ओ नन्द।"

शंकर अपने कमरे में अख़बार पढ़ रहा था। वहीं से उसने जवाब दिया- "देखता हूँ माँ, क्या है बागीचे में।"

अख़बार को मेज पर एक तरफ रखकर ड्योढ़ी से बागीचे में गया। देखता है तो आठ-दस बकरियों का झुंड हरे-भरे फलदार पौधों पर बुरी तरह से टूट पड़ा था। छोटे-छोटे ये पौधे रूंड-मुंड किसी के ताजे कटवाए सिर के बालों जैसे पूरे सफाचट थे। वह मन ही मन पिता के गुस्से से सहम गया जो रोज उन्हें पानी देकर बचा रहे थे। कोई लाठी लेकर बकरियों के झुंड को भगाए कि बहुत सारी बकरियाँ उसे देखकर तेजी से बाड़ फलांग गईं। पर एक बकरी अब भी बिना किसी डर के पलम को खा रही थी। शंकर बगीचे का नुकसान देखकर दु:खी तो था ही। उसने एक छोटा-सा पत्थर उस पर पटक दिया। उसे नहीं पता था कि पत्थर सीधा बकरी की टाँग पर लगेगा। बकरी जोर-जोर से मिमियाती बाड़ के एक बड़े सुराख से बाहर सड़क पर चली गई। शंकर अभी निश्चिंत होकर घर के अन्दर लौटता कि सड़क के बाहर से बिमला ने कहा - "मेरी बकरी की टाँग तोड़ दी। बे-जबान पर यह जुल्म ठीक नहीं।"

शंकर बोला - "तो बाँध कर क्यों नहीं रखते? खुला छोड़ देते हो औरों के खेतों में चरने। मैंने तो टाँग नहीं तोड़ी है।" वह मुकर गया।

बिमला बोली - "झूठ मत बोल रे शंकर! मैंने सड़क से सब देख लिया है।" बिमला तो बकरी को लेकर चली गई पर शंकर मन ही मन डरा हुआ था। डर था तो बिमला के पति गुरदेव का।

गुरदेव बड़ा ही गुस्सैल, मुँहफट, रिटायर फौजी था। फौज से लौट कर उसने गाँव देवपुर में हलवाई की दुकान शुरू की थी। बड़े-बड़ों की ऐंठ सीधी कर देता था। शंकर स्कूल में पढ़ते हुए उसे कई बार बाजार में झगड़ा

करते हुए देख चुका था। वह भीतर ही भीतर पछता रहा था कि यह सब ठीक नहीं हुआ। माँ और पिताजी को पता लगेगा तब वे भी बहुत बुरी तरह से बिगड़ेंगे। अब क्या करे? घर के भीतर जाकर माँ को सब बता दें या नहीं? वह इसी चिन्ता में था।

इस बीच माँ की आँख खुल गई थी। वह बाहर आकर बरामदे में आवाजें देने लगी – "शंकर, अरे ओ शंकर! कहाँ है – क्या था बागीचे में? तूने बताया भी नहीं।" माँ उसे ढूँढ़ते-ढूँढ़ते ड्योढ़ी से होती हुई बागीचे में पहुँच गई। शंकर माँ को देखकर बिदक गया।

"सब कुछ चट कर गई बकरियाँ माँ।" वह बोला।

"मुओं को बकरियाँ पालना नहीं आता तो रखते ही क्यों हैं? नाक में दम कर रखा है इन्होंने।" माँ झल्लाई।

शंकर ने कहा – "माँ एक बात हो गई।"

माँ बोली – "क्या?"

शंकर का चेहरा देखा तो फक् पड़ा था।

"क्या हो गया रे? तू इतना घबराया हुआ क्यों है? सब सच-सच बता।"

"माँ, मेरे पत्थर से बकरी की टाँग टूट गई।"

"तो फिर?"

"वह बकरी गुरदेव की थी।"

"तुझे पक्का पता है क्या?"

"हाँ माँ, मिमियाती-मिमियाती बकरी बागीचे से बाहर निकली कि उधर से बिमला ने देख लिया। वह यह बोल कर चली गई कि बे-जबान पर पत्थर क्यों मारा?"

"रे, तू पत्थर मारने से बाज नहीं आया अब तक। अब तो बड़ा हो गया है। अगर बकरी मर जाती तब? जानता है वह कितना जालिम है? तुझे थाने-कचहरी में पहुँचा देगा।" शंकर एक अपराधी की तरह माँ से सब सुनता रहा।

"चल अन्दर चल अब। क्या यहीं सिल-पत्थर होकर खड़ा रहेगा।" माँ घर के अन्दर बरामदे में बैठ गई। थोड़ा सुस्ता कर बोली- "कर याद कर। अब तक कितनी बार ऐसा कर चुका है?"

शंकर को याद आया- वह तब दूसरी में था। स्कूल से घर आते पाँच सात बच्चे थे। उनमें से एक ने कहा- "शंकर, देख-देख कितनी सुंदर है

रंग-बिरंगी चिड़िया।" शंकर को पता नहीं क्या शरारत सूझी। उसने एक छोटा-सा पत्थर चिड़िया पर उछाल दिया। सब देखकर दंग रह गए। पत्थर ठीक निशाने पर पड़ा और रंग-बिरंगी सुंदर चिड़िया वहीं चित्त हो गई। शंकर बड़ा दुःखी हुआ था तब। घर में माँ ने समझाया - "बेटा, पक्षियों में भी जान होती है। इन्हें मारना या सताना पाप है। ख़बरदार आगे से ऐसा किया।"

शाम हो रही थी। माँ ने कहा - "अब जो होना है सो होगा ही। जा एक घड़ा ताजा पानी ले आ। तेरे पिता आने वाले हैं।"

शंकर ने घड़ा उठाया और चश्मे पर चल दिया। मन खिन्न था। पता नहीं गुरदेव आज क्या दुर्गत करे? वह मन ही मन हनुमान जी को मत्था टेक रहा था। "हनुमान जी, इस बार बचा लो। अब मैं आगे ऐसी गलती नहीं करूँगा।" शंकर को पानी का घड़ा भरते यह याद भी हो आया- दसवीं में पढ़ता था तब। चश्मे के इसी पीपल के पेड़ के पास आम का दरख्त था। बगल में ही कुछ पशु खड़े थे। उसने कुछ कच्चे आम उतारने के लिए पेड़ पर पत्थर मारा था। पत्थर उटक कर गाय के सींग पर लगा। सींग के टूटने से गाय का मुँह-मत्था खून से लथपथ हो गया था। गाय किसकी थी यह तो शंकर को पता नहीं। पर उसका मन बहुत खराब हुआ था। रात को भोजन भी नहीं किया था।

माँ पूछती रही थी- "शंकर क्या हुआ? तू बड़ा ही उदास नजर आ रहा है।"

"कुछ भी नहीं माँ। आज मन खाने का नहीं है।" शंकर ने तब कोई महीने के बाद गाय के सींग तोड़ने की बात बताई थी। यह भी बताया था- "माँ मैंने जान-बूझकर पत्थर गाय के सींग पर नहीं मारा था।"

पर माँ कहाँ मान रही थी। बार-बार कह रही थी- "तू मुझे मूर्ख बना रहा है। मैं तेरी रग-रग से वाकिफ हूँ। तू चलता-फिरता, इधर-उधर कहाँ कितने पत्थर मारता रहता है। गाय मर जाती तो? पाप लगता।"

वह माँ के आगे इस बार भी चुप रहा था। कुछ नहीं बोला था। चश्मे से पानी का घड़ा उठाए घर की ड्योढ़ी के पास क्या देखता है- आठ दस लोग खड़े हैं। हो-हल्ला हो रहा है। कोई बड़े जोर-जोर से बोल रहा है। चिल्ला रहा है। "मैं देख लूंगा अब तुम्हें। यह लंगड़ी बकरी मेरे किस काम की। तुम ही रखो इसे। मैं तो हर्जाना वसूल करके रहूँगा। है कहाँ शंकर-करो उसे मेरे सामने। मैं पूछता हूँ कि बे-जबानों पर पत्थर मारना, उनकी टाँगे तोड़ना कहाँ का इंसाफ है?"

शंकर के पाँवों के नीचे से जमीन खिसक रही थी। कंधे का घड़ा गिरते-गिरते मुश्किल से बचाया था उसने।

"अब क्या हो? यह तो गुरदेव ही है। जिस बात से मैं डर रहा था यह तो वही हुआ।" शंकर ने सोचा। पानी का घड़ा घर रखा और बाहर गुरदेव के पास आ गया। माँ, बड़े भाई और पिताजी गुरदेव को समझा रहे थे। "गलती हो गई इसे मुआफ कर दो गुरदेव जी।"

पर वह था कि मान नहीं रहा था। बोल रहा था- "न-न मैं यह बकरी नहीं रखता। आप रखो यह लंगड़ी बकरी। मैं तो थाने जाऊँगा। रपट दर्ज कराऊँगा। हर्जाना वसूलूंगा। क्या समझ रखा है कि बे-जबानों पर जुल्म ढाओ?"

शंकर अब गुरदेव के सामने था। तमाशाई तमाशा देख रहे थे। शंकर ने कहा- "चाचू! गलती तो मुझसे हो गई है। अब मुझे जो भी सजा देना चाहो दे लो। आपका बच्चा हूँ। एक बार मुआफ नहीं करोगे क्या? मारना है तो जी भर कर मार लो। तुम्हारे सामने खड़ा हूँ। सी भी नहीं करूँगा। सच कहता हूँ कि आपकी बकरी पर जान-बूझकर पत्थर नहीं मारा है। झुंड का झुंड बकरियों का अन्दर था। इन्हें भगाने के लिए दो पत्थर उछाले थे। मुझे क्या पता था कि उनमें से कोई एक पत्थर आपकी बकरी की टाँग तोड़ देगा। आओ अन्दर आओ। अपनी आँखों से एक बार देखो तो सही। एक भी पौधा जिन्दा नहीं बचा है। कुतर-कुतर कर खा गई बकरियाँ इन्हें। इन पेड़-पौधों में भी तो जान है चाचू। इन्हें बचाने के लिए ही मुझसे यह गलती हो गई है। अब जो भी मन करे सजा दो। मुझे मंजूर है।"

गुरदेव अब क्या बोलेगा, क्या सलूक करेगा शंकर से? सब तमाशाई देख रहे थे। अचानक एक चमत्कार हुआ। गुरदेव शांत हो गया। बोला- "जा, घर जा अब! मैंने तुझे मुआफ किया। तेरे सच ने मेरी भी आँखें खोल दी हैं। खबरदार कभी झूठ बोला। मैं तेरे सच बताने से खुश हुआ। यह सच भी जान गया कि पेड़-पौधों में भी जान है, प्राण है। चलो-चलो, फूटो यहाँ से। क्या तमाशा लगा रखा है यहाँ तुम सबने।" तमाशाई वापिस जाने लगे। गुरदेव ने बकरी को अपने कंधे पर रखा और चल दिया। किन्तु शंकर उस बे-जबान बकरी की आँखों में अपने अपराध को देखता रहा। दिल में अफसोस करता रहा। पछताता रहा। अगर आज बकरी की जगह मेरी टाँग टूट गई होती तो उस दु:ख को झेलना कितना कठिन होता। पशु हो या मनुष्य दु:ख तो दु:ख ही है।

प्रेमलता वात्स्यायन

पताः बी-20, हिम कुंज,
सेक्टर-14, रोहिणी,
दिल्ली-110085
मो.: 9810988821

2 सितंबर, 1952 को दिल्ली में जन्मी प्रेमलता वात्स्यायन जी ने जहाँ बड़ों के साहित्य में अपनी कलम चलाई है वहीं इनका बालोपयोगी साहित्य में बाल कहानी में भी योगदान है। इनकी रचनाएँ बाल साहित्यिक पत्र-पत्रिकाओं में प्रकाशित होती रही हैं।

इनका कथा संग्रह 'काना गीदड़' 11 कथाओं को अपने में समेटे हुए है। जानवरों के प्रति बच्चों के मन में तरह-तरह की जिज्ञासाएं तथा प्रश्न उठते रहते हैं। मानव जीवन में जानवरों का विशेष महत्त्व है। जानवरों के क्रियाकलापों के माध्यम से बच्चों को कुछ न कुछ सिखाने की परंपरा बहुत पुरानी है। इस परंपरा का निर्वाह करती है इस संकलन की कथाएं। ये कथाएं सरल और रोचक भाषा में बच्चों को नैतिक शिक्षा सौंपती हैं। लेखिका ने इन कथाओं के द्वारा बच्चों को जीवन-विषयक सच्ची प्रेरणाएं देने की कोशिश की है। इसी कड़ी में लेखिका का दूसरा बालकथा संग्रह है 'कोई अछूत नहीं'। इस संग्रह में धार्मिक पक्ष से जुड़ी 7 लोककथाएं हैं। ये कथाएं बच्चों में जीवन-मूल्यों की बात को अपने-अपने तरीके से समझाती हैं।

काना गीदड़

एक जंगल में एक गीदड़ रहता था। वह काना था। चालाक इतना कि बड़ों-बड़ों के कान काटता। एक बार उसके मन में न जाने क्या आई, उसने जंगल में मरे जानवरों की हड्डियां इकट्ठी करनी शुरू की। हड्डियों का ढेर लगाकर एक चबूतरा-सा बना लिया। उस चबूतरे को फिर गोबर से लीपा और सोचा- "अपना रूप रंग भी बदलना चाहिए।" वह पास के गाँव से फटे-पुराने चीथड़े बटोरकर ले आया। उसने चीथड़े कानो पर बाँध लिए। इस तरह अपने आप बन-ठनकर जंगल का राजा बन चबूतरे पर बैठ गया। चबूतरे पर बैठकर काना गीदड़ अपने को सचमुच राजा समझने लगा।

उस चबूतरे के पास ही एक तालाब था। तालाब बहुत बड़ा था। तालाब के किनारे कई छायादार पेड़ थे। जंगल के सभी पशु-पक्षी वहाँ आकर पानी पीते थे और ठंडी छाया में आराम करते थे।

काने गीदड़ को चबूतरे पर बैठ, अभी थोड़ी ही देर हुई थी कि एक गाय पानी पीने आई। गाय पानी पीने लगी, तो गीदड़ शेर की तरह गरजकर बोला- "पहले मैं जो शब्द बोलता हूँ, उन्हें कह। फिर पानी पीना।"

गाय तो निरी गाय थी। सीधी इतनी कि गीदड़ की धमकी सुनकर बिना पूंछ-कान हिलाए उसने गीदड़ की बात मान ली।

गीदड़ बोला- "कहो-

चांदी का तेरा चौंतरा, सुन्ने लिप्पा होए।

कन्ने तेरे मुंदरां, कोई राजा बैठा होए।।"

(अर्थात चांदी का तेरा चबूतरा है। वह सोने से लीपा हुआ है। तेरे कानों में मुरकियाँ हैं। यह तो कोई राजा बैठा हुआ है।)

गाय को तो पानी पीने से मतलब था। उसने गीदड़ के शब्द दोहराये। पानी पिया और चली गई।

बस फिर क्या था। गीदड़ ने सोचा- "लो पहली ही बार धाक जम गई।" उसे लगने लगा- सचमुच, वह राजा हो गया है।

अब तालाब पर एक भैंस पानी पीने आई। भैंस से भी गीदड़ वैसे ही गरजकर बोला- "पहले मैं जो शब्द बोलता हूँ, उन्हें कह। फिर पानी पीना।"

भैंस बेचारी शक्ल और अकल दोनों से मोटी थी। निरी भैंस। उसने बिना सोचे-समझे गीदड़ के बोले शब्द दोहरा दिए, पानी पिया और चली गई।

अब वहाँ एक गधा पानी पीने आया। गधा चल ऐसे रहा था जैसे उसकी टांगे अभी आपस में उलझ पड़ेंगी और पछाड़ खाकर गिर जाएगा। गधा जैसे पानी पीने के लिए झुका, काना गीदड़ गरजा- "पहले मैं जो शब्द बोलता हूँ वह कह। फिर पानी पीना।"

काना गीदड़ भी जानता था कि गधा तो गधा ही है, उसकी बात को टाल नहीं सकता।

गधे ने अपने लंबे-लंबे कान हिलाए, गर्दन ऊपर उठाई और अपने मधुर स्वर में गीदड़ का दोहा गाकर सुना दिया। फिर पानी पिया और तालाब के किनारे रेत में मस्ती से लोटने लग गया।

काना गीदड़ बड़ा खुश। उसकी तो जीत पर जीत होती जा रही थी। गधे के चले जाने के बाद तालाब पर एक भालू पानी पीने आया। काने गीदड़ ने भालू से भी अपने शब्द दोहराकर पानी पीने को कहा।

पर भालू निरा कालू ही नहीं था, चालू भी था। उसने जमाना देख रखा था। उसे काने गीदड़ की मक्कारी समझने में देर नहीं लगी। वह गीदड़ पर मुस्कुराकर रह गया। सोचने लगा- "कैसा मूर्ख है, आखिर है तो गीदड़ ही न। कब तक ऐसा नाटक करता रहेगा। सच्चाई तो सच्चाई है। एक न एक दिन कलई तो खुलेगी ही। पर मुझे क्या, मुझे पानी पीने से मतलब है। सारी दुनिया दोषों से भरी है। किसे-किसे सुधारुं। अपने आप भुगतेगा, मुझे क्या।" और भालू ने भी गीदड़ के शब्दों को दोहराया, पानी पिया और चल दिया।

भालू पर शक तो गीदड़ को भी हुआ कि कहीं मजाक तो नहीं कर रहा। पर, वह ऊँचे चबूतरे पर बैठा था, उसने परवाह नहीं की। सोचा- "अकेले भालू के मजाक से क्या होता है।"

अब तालाब पर एक भेड़ पानी पीने आई। गीदड़ ने उसे भी अपने शब्द दोहराकर पानी पीने को कहा।

गीदड़ के शब्द दोहराने चाहिए या नहीं, भेड़ ने जरा भी नहीं सोचा। उसे तो भेड़-चाल चलनी थी। जब गाय, भैंस, गधे तथा भालू ने गीदड़ की बात मान ली तो वह कौन होती है, उसे नाराज करने वाली। वह तो जितनी जल्दी हो सकता था, पानी पीकर नौ-दो ग्यारह होना चाहती थी। गीदड़ से तो उसे वैसे ही डर लग रहा था। उसने गीदड़ के शब्द दोहराए, पानी पिया और चलते बनी।

फिर एक-एक करके दूसरे पक्षी तथा जानवर आए। चिड़िया आई, कौवा

आया, कुत्ता आया और बैल आया। सबने गीदड़ का दोहा दोहराया और पानी पीकर चले गए।

काने गीदड़ ने सोचा- "मैं सचमुच राजा हूँ। सबने मेरी आज्ञा मानी है। अब जंगल में ऐसा कोई नहीं जो मुझे राजा माने बिना पानी पिएगा।"

गीदड़ फूल कर कुप्पा हो गया। तालाब के पास वाले पेड़ पर बैठी एक गिलहरी गीदड़ का यह सब नाटक बड़ी देर से देख रही थी। वह धूर्त गीदड़ को मजा चखाना चाहती थी। वह भी पानी पीने उतरी। गीदड़ के बारे में उससे कुछ भी छिपा नहीं था। वही ज्यों ही पानी पीने के लिए आगे बढ़ी, गीदड़ ने उसे भी टोका। पानी पीने के पहले वे शब्द दोहराने को कहा। गिलहरी नटखट थी। वह मुँह बनाकर बोली- "ओ हो, बोलती हूँ बाबा। पहले पानी तो पी लेने दो। देखते नहीं हो मेरा गला सूख रहा है। पानी न पीऊंगी तो साफ-साफ कैसे बोल सकूँगी।"

जब तक गीदड़ उसकी प्रार्थना स्वीकार करे, गिलहरी ने उससे पहले ही पानी पी लिया। गीदड़ देखता ही रह गया। अब गिलहरी की बात न मानता तो करता? गीदड़ बोला- "अच्छा अब कह।"

गिलहरी देखते ही देखते पेड़ पर जा चढ़ी। वह बोली- "मैं तो पेड़ पर बैठकर कहूँगी।"

गीदड़ को लगा उसका सिंहासन डोल रहा है। फिर उसने गिलहरी पर क्रोध से आँख गड़ाते हुए कहा- "बोल, जल्दी बोल।"

गिलहरी ने गले को खंखारकर ऊँची आवाज में कहना शुरू किया-

"हड्डों का तेरा चबूतरा, गोबर लिप्पा होए।
कन्ने तेरे चिथड़े, काणा गीदड़ बैठा होए।।"

यह सुनकर गीदड़ आग-बबूला हो उठा। वह उसे डंडे से मारने दौड़ा। वह नटखट गिलहरी कहाँ हाथ में आती। वह तो पत्तों में जा छुपी थी।

गीदड़ ने गिलहरी को मारने के लिए डंडा फेंका। डंडा पेड़ से टकराकर जोर से चबूतरे पर गिरा। बस फिर क्या था, चबूतरा देखते ही देखते ढह गया। हाड़ जहाँ-तहाँ फैल गए।

यह सब देखकर तालाब पर पानी पीने आए अन्य जानवर- हिरण, खरगोश, बंदर, साही और नेवला खिलखिला कर हँस पड़े।

काना गीदड़ अपना-सा मुँह लेकर दूर भाग गया।

डॉ. राममूर्ति वासुदेव प्रशांत

पता: जवाहर नगर, निकट हि.प्र. स्कूल शिक्षा बोर्ड, धर्मशाला (हि.प्र.) 176213
मो.: 9459987125

बाल साहित्य रचने वालों में एक जाना-पहचाना नाम है डॉ. राममूर्ति वासुदेव प्रशांत। इनका जन्म 16 जून, 1940 को ऊना जिला के पूबोवाल में हुआ है। बड़ों के साहित्य के साथ बाल साहित्य में बालगीत और बाल कथा में इनका बराबर लेखन है। डॉ. वासुदेव प्रशांत की बाल साहित्य पर 6 पुस्तकें प्रकाशित हैं।

तीन बाल कथा संग्रहों 'शिला बोली', 'हार-जीत', 'सरदार की बेटी' में जीवन के उदात मूल्य, हृदय की सरलता, श्रद्धा-भक्ति, मैत्री की भावना, साहस, शौर्य, त्याग, तपस्या, दया और करुणा आदि निहित है। 'हिमाचल प्रदेश की रोचक लोक कथाएं' नामक संग्रह में संकलित कहानियां रोचक तो हैं ही किंतु आज के संदर्भ में भी प्रासंगिक हैं। इनमें संप्रेषित ज्ञान और संदेश बाल-मनोविज्ञान एवं बालकों के व्यक्तित्व के विकास में बहुत उपयोगी और महत्वपूर्ण है। 'किशोर बनो तुम कर्मशील' किशोर गीतों का संग्रह है। 'किशोर शिल्पी का बलिदान' एक किशोर कथा संग्रह है।

कीलें उखड़ती गईं

राजेश अपने माता-पिता की इकलौती संतान था। उसकी आयु ग्यारह-बारह वर्ष के करीब थी। उसके पिता जनकराज की गाँव में कपड़े की दुकान थी। साख अच्छी थी। अतः दूर-दराज से लोग उनकी दुकान पर कपड़ा खरीदने आते रहते थे। घर में पैसे की कोई कमी न थी। सब सुख-सुविधाएं उपलब्ध थीं।

राजेश का बचपन बड़े लाड़-प्यार में बीत रहा था। इकलौता होने के कारण उसे कभी डांट भी नहीं पड़ती थी। अतः वह दिन-ब-दिन नटखट और शरारती होता गया। पढ़ाई में तो उसे कोई दिलचस्पी थी ही नहीं।

राजेश जैसे-जैसे किशोर होता गया, वैसे-वैसे उसकी शरारतें भी बढ़ने लगी। वह गाँव में हर आते-जाते व्यक्ति का मजाक बनाता। छोटे-बड़े का भी उसे कोई लिहाज नहीं था। अपने साथियों से तो वह बात-बात पर झगड़ पड़ता। किसी को बिना कारण पीट देता, तो किसी से गाली-गलौज कर आता। उसकी शरारतों से लोग बहुत तंग आने लगे। हर रोज कोई न कोई उसके घर शिकायत करने चला आता था।

जनकराज ने बेटे को समझाने की बहुत कोशिश की, किंतु उस पर कोई असर हो, तब न! अब तो कई बार उसकी पिटाई भी हो जाती। पर इसका भी उस पर कोई असर होता दिखाई न देता। बल्कि मार खा-खाकर वह और भी ढीठ होता गया। जनकराज के दिमाग पर इसका हमेशा बोझ-सा रहने लगा। दुकान के कामकाज पर भी असर पड़ने लगा। बहुत से लोग अब उनसे नाराज रहने लगे और दुकान पर आने से कतराने लगे। कारण राजेश की हरकतें ही थीं।

कोई असर होता न देख, जनकराज ने राजेश को मारना-पीटना बिलकुल छोड़ दिया। गाँव के किसी बड़े-बुजुर्ग ने उसे समझाया कि पीटने से बच्चा कतई नहीं सुधरेगा। बल्कि उसके साथ मित्र जैसा व्यवहार करो, तो शायद वह सुधर जाए।

इसके बाद जनकराज ने बेटे के प्रति अपना व्यवहार पूरी तरह से बदल लिया। उसके साथ वे नरमी से पेश आने लगे और उसका ध्यान दुकान में लगाने की कोशिश करने लगे। किंतु राजेश तो दुकान पर बैठने का नाम भी न लेता।

एक दिन जनकराज ने लकड़ी का तख्ता मंगवाया और उस पर बहुत-सी किलें गाड़ दी। तख्ते को दुकान के अंदर एक कोने में रख दिया। एक दिन राजेश पिता से पैसे माँगने के लिए दुकान पर आया, तो उसका ध्यान उस तख्ते की ओर चला गया। उसने पिता से पूछा, तो वे गंभीर होकर बोले- "बेटा, जितनी भी शरारतें तुमने आज तक की हैं, उनमें से प्रत्येक के लिए एक-एक कील गड़ी है।"

"इससे क्या होगा पिताजी?" राजेश ने तख्ते को उठाकर ध्यान से देखते हुए पूछा।

"होगा तो कुछ नहीं बेटा! पर जब बड़ा होकर तू उन कीलों को देखेगा, तो शायद तुझे एहसास हो जाए कि तूने हमें कितना सताया है। और हम भी पछताते रहेंगे कि तुझे इस रास्ते पर हमारे लाड़-प्यार ने ही पहुँचाया है। हमने तुम्हें कभी डांटा तक नहीं। तुम्हारी हर इच्छा पूरी की। और तुम हो कि दिन-ब-दिन बिगड़ते ही चले गए। यही हमारे लाड़-प्यार का नतीजा निकलना था क्या? ये कीलें तो बेटा मेरे दिल में गड़ी हुई हैं और मैं ही जानता हूँ कि मुझे कितना दर्द हो रहा है।" कहते-कहते जनकराज गंभीर हो गए।

राजेश को लगा कि पिताजी ठीक ही कह रहे हैं। उसने उनके लाड़-प्यार का हमेशा नाजायज फायदा ही उठाया। घर आकर वह गुमसुम-सा रहा। माँ ने कारण पूछा भी, पर वह कुछ न बोला। शाम को पिता घर आए, तो उसने कहा- "पिता जी, मैंने पहले तो कभी वह तख्ता वहाँ देखा ही नहीं।"

"तुम देखते भी कैसे बेटा!" सामान बरामदे में पड़ी मेज पर रखते हुए जनकराज बोले। "दुकान पर आकर तुम एक पल के लिए भी रुके कभी? मेरी कितनी इच्छा होती थी कि तुम काम में मेरा हाथ बंटाओ। मेरे साथ दो क्षण बैठ कर बात करो। पर तुम्हें अपनी शरारतों से फुरसत ही कहाँ होती? देखो न, गाँव के कितने ही लोग हमारे दुश्मन हो गए हैं, केवल तुम्हारी वजह से। कामकाज भी मंद पड़ने लगा है।" इतना कह, जनकराज अंदर चले गए।

राजेश बुत बना जहाँ खड़ा था वहीं खड़ा रहा। सोचने लगा, उसने आज

तक जो भी किया, गलत ही किया। उसे स्वयं पर बहुत ग्लानि महसूस होने लगी। वह अंदर जाकर अपने पिता से क्षमा माँगते हुए बोला- "मैं अब आपके कहने के अनुसार ही चलूंगा पिताजी। मैं आपसे वायदा करता हूँ कि आगे से आपका दिल कभी नहीं दुखाऊँगा। बस, उस तख्ते को कहीं फेंक दीजिए। मुझे अच्छा नहीं लग रहा है।"

"फेंकूंगा नहीं बेटा! बल्कि तेरे व्यवहार में जैसे-जैसे सुधार आता जाएगा, मैं उन कीलों को एक-एक करके निकालता जाऊँगा। मुझे पूरा भरोसा है कि उस तख्ते पर एक दिन एक भी कील नहीं होगी।" जनकराज ने बेटे के सिर पर हाथ फिराते हुए कहा।

"ठीक है पिताजी! आपको जैसा उचित लगे, कीजिए। मैं आपके विश्वास पर अब खरा उतरूंगा। यह मेरा निश्चय है।" इतना कहकर राजेश अपने कमरे में चला गया।

इस घटना के बाद राजेश में बहुत परिवर्तन आ गया। अब अपनी पढ़ाई की तरफ ध्यान देने लगा। खूब मेहनत करता। हर कक्षा में उसके अच्छे अंक आने लगे। हर रोज थोड़ा-बहुत समय निकालकर वह दुकान पर भी बैठने लगा। इससे धीरे-धीरे वह दुकान का काम बखूबी सीखने लगा। हिसाब-किताब रखना, ग्राहकों से समुचित बरताव करना, हर चीज का उसे ज्ञान होने लगा।

जनकराज अब अपने बेटे से बहुत खुश रहने लगे। राजेश के व्यवहार में यह अनोखा परिवर्तन देख, गाँव के लोगों को भी आश्चर्य होने लगा। कहाँ पहले वाला शैतान राजेश और कहाँ यह मेहनती और काम में लगा रहने वाला किशोर! सब लोग उससे खूब स्नेह करने लगे। राजेश भी उनका बहुत आदर करता। अपने मधुर व्यवहार से वह गाँव के बच्चों के लिए एक आदर्श साबित होने लगा।

जनकराज ने एक-एक करके सभी कील तख्ते पर से निकाल दिए। एक दिन तख्ता राजेश को दिखाते हुए वे बोले- "लो, भई! देख लो! निकल गए न सभी कील। मुझे तुम पर पूरा भरोसा था। सारा गाँव अब तुम्हारी तारीफ करता हुआ थकता नहीं है।"

जनकराज के मुख पर खुशी के भाव उभर आए थे। तख्ते की ओर

ध्यान से देखता हुए राजेश बोला– "पर इस पर कीलों के निशान तो अभी बाकी हैं पिता जी! ये भी तो आपको मेरी हरकतों की याद ही दिलाएंगे। इससे आपको दुख नहीं होगा क्या?"

"नहीं, दुख नहीं, खुशी होगी बेटा। ये निशान तो हमें इस बात की याद दिलाते रहेंगे कि तू क्या से क्या बन गया।" जनकराज के चेहरे पर खुशी की चमक थी। आखिर वे अपने बेटे में सुधार लाने में सफल हो गए थे।

रुपेश्वरी शर्मा

पताः म.न. 116/2, सरस्वती निवास, पुरानी मंडी, जिला-मंडी (हि.प्र.)-175001
मो.: 9418144464
ईमेलः roopeshwarisharma47@gmail.com

जिला मंडी की प्रसिद्ध लोक गायिका और लोकथाओं व बाल कविताओं के जरिए बच्चों के लिए रचनाकर्म करने वाली रुपेश्वरी शर्मा जी का जन्म 7 दिसंबर, 1947 को छोटी काशी के नाम से विख्यात मंडी में हुआ है। रुपेश्वरी जी की बाल रचनाएँ देश की विभिन्न पत्र-पत्रिकाओं में प्रकाशित होती रहती हैं।

वर्ष 2018 में इनकी पुस्तक 'नानी-दादी की लोक कथाएं' प्रकाशित हुई है। इन कथाओं का जिला मंडी की मंडयाली बोली के साथ हिन्दी में भी अनुवाद किया गया है। यह प्रयोग मंडयाली बोली को पाठकों तक पहुँचाता है। ये कथाएं हिमाचल की संस्कृति, रीति-रिवाज तथा संस्कारों की बात करती हैं। इन्हें पढ़कर कोई भी मनोरंजन, रोमांच और रहस्य का साथी बन जाता है। इनकी बाल कविताओं की पुस्तक 'नन्ही बाल कविताएं' प्रकाशन की प्रक्रिया में है। इस पुस्तक में रुपेश्वरी जी ने बच्चों के मनोभावों, उनकी संवेदनाओं को बहुत ही गहराई के साथ प्रस्तुत किया है।

चीं चीं मेरा खिचड़ू क्यों खाया

एक था कौवा। एक थी स्यारटी। दोनों की बड़ी मित्रता थी। दोनों साथ-साथ दाना चुगते, चहकते, साथ-साथ उड़ते, एक डाली से दूसरी डाली पर फुदकते थे। इस तरह हिल-मिलकर रहते हुए उनके दिन बीत रहे थे। चिड़िया कौवे को खूब बुद्धू बनाती थी। वह बड़ी चालाक थी। कौवा भोला था। उसे चिड़िया की चालाकी समझ में नहीं आती थी। वह उसकी हर बात मानता था। चिड़िया के बड़े मजे थे। वह कौए को बिना बात दौड़ाए रखती। कौवा भी उसके सभी हुक्म बजा लाता। कौवा दाना चुगकर लाता। चिड़िया खुश होकर खाती। कभी-कभी वह रोटी लाता तो कभी कीड़े-मकोड़े भी लाता था। चिड़िया चूं चूं करके गाना गाती। कौवा मुग्ध होकर सुनता रहता।

एक दिन चिड़िया ने कौए से कहा, "कौवे राजा, हम पिकनिक मनाने जाएँगे। वहाँ खिचड़ी पकाकर खाएंगे। वहाँ हम खूब मस्ती करेंगे। गाएँगे, नाचेंगे और शाम को घर आ जाएँगे।"

कौवा खुशी-खुशी राजी हो गया। कौवा चावल और घी लाया। चिड़िया मूंग की दाल और दही लाई। वे सारा सामान लेकर चल पड़े। एक अच्छी-सी जगह देखकर दोनों ने अपना सामान वहाँ रखा और लकड़ियां इकट्ठी करके आग जलाने के लिए कौए को कहा। कौवा दौड़-दौड़ कर कहीं से जलती हुई लकड़ी चोंच में दबाकर ले आया और आग जला दी।

चिड़िया खिचड़ी पकाने लगी। कौए को जोर की भूख लगी थी। जैसे-जैसे खिचड़ी में उफान आता तो उसकी खुशबू से कौए को और जोर की भूख लगती। जब खिचड़ी तैयार हो गई तो चिड़िया ने कौए को आटा छानने की छननी देकर कहा, "कां कां, तुम पीने का पानी लाओ।"

कौवा भोला-भाला था। वह छननी लेकर पानी लाने चला गया। अब जैसे ही वह छननी में पानी भरता। पानी निकल जाता। वह फिर भरता। पानी फिर निकल जाता। इस प्रक्रिया में उसका काफी समय निकल गया। अब थक-हारकर वह वापिस आ गया तो क्या देखता है कि चिड़िया ने सारी खिचड़ी खा ली है। वह आग-बबूला हो गया। उसे बहुत गुस्सा आया। उसने चूल्हे से जलती हुई लकड़ी उठाई और चिड़िया की पूंछ जला दी।

चिड़िया जोर से चीखी और कौए की तरफ लपकी, “कां कां मेरा फूइंटू की फुकेया?” (अर्थात कौए-कौए मेरी पूंछ क्यों जलाई?)

कौवा उसे मारने दौड़ा और बोला, “चीं चीं मेरा खीचड़ू की खाधा?” (अर्थात चिड़िया-चिड़िया तूने मेरी खिचड़ी क्यों खाई?)

इस तरह बड़ी देर तक दोनों झगड़ते रहे। अब कौए को अक्ल आ गई कि चिड़िया तो उसे मूर्ख बनाती रही और वह बनता रहा। अब उसने तौबा कर ली और दूसरी दिशा की ओर उड़ चला। चिड़िया भी अपना-सा मुँह लेकर विपरीत दिशा की ओर उड़ गई।

किसी ने ठीक ही कहा है कि “काठ की हाँडी बार-बार नहीं चढ़ती।” तब से लेकर आज तक कौए और चिड़िया की लड़ाई जग जाहिर है। दोनों एक-दूसरे को देखकर जलते हैं। अब कौवा कुछ भी खाती बार चिड़िया को पास नहीं फटकने देता। चिड़िया मन मसोस कर रह जाती है। उसे अपने किए पर बहुत पछतावा भी होता है कि उसने इतना अच्छा मित्र खो दिया।

सैन्नी अशेष

पताः शान्ति भवन, कोल्ड कॉर्नर कॉटेज से आगे अंतिम मकान, ओल्ड मनाली, कुल्लू (हि.प्र.)-175131
मो.: 9805747273
ईमेलः asheshsainny@gmail.com

हिमाचल की सांस्कृतिक राजधानी मंडी में 1 जून, 1949 को जन्में सैन्नी अशेष जी का नाम बड़े सम्मान के साथ लिया जाता है। इन्होंने कई नामों से साहित्यिक लेखन किया है। 1975 से 2010 तक अशेष जी ने चंपक पत्रिका के लिए 2500 से ज्यादा कहानियाँ लिखीं जो हिंदी व अंग्रेजी सहित आठ भाषाओं में प्रकाशित हुई। इसके अलावा पराग, नंदन, बालभारती, नन्हे तारे, लोटपोट, मेला, किलकारी आदि बाल पत्रिकाओं में भी इनकी बाल कथाएं प्रकाशित हुई हैं। सैन्नी जी को सर्वश्रेष्ठ बाल साहित्य सम्मान दिल्ली में प्रसिद्ध साहित्यकार विष्णु प्रभाकर जी के हाथों से प्राप्त हुआ है।

इनकी 'अशेष बाल कथाएं' और 'हाथी दादा की कहानियाँ' पुस्तकें बाल कहानियों की चर्चित पुस्तकें हैं। सैन्नी अशेष का बाल कहानी संग्रह 'अशेष बाल कथाएं' मानव पात्रों के साथ पशु-पक्षी, पेड़-पौधे, कीड़े-मकोड़े ही नहीं अंडे, कैलेंडर, दर्पण, कार, लिफाफा, घंटी आदि सभी सजीव-निर्जीव चरित्रों के साथ बुनी हुई कहानियाँ हैं। इन पात्रों की ऐसी सजीवता, रोचकता और आकर्षण है कि आप यदि उन्हें एक बार पढ़ना शुरू करें तो उसे खत्म करके ही छोड़ेंगे। सैन्नी अशेष की कहानियों की एक खास बात यह भी

है कि इनकी कहानियों में मौजूद चरित्रों के नाम बहुत ही अलग होते हैं जो कहानी का आकर्षण जरा भी नहीं खोने देते और पात्रों के साथ न्याय करते हैं। हर कहानी अंत तक अपना रहस्य बरकरार रखती है। सहजता में कलात्मकता और कलात्मकता में सहजता इनकी कहानियों का विशेष गुण है। डॉ. कमल कुमार जी के अनुसार, 'अशेष बाल कथाएं' के रूप में हिंदी जगत को हिंदी का प्रथम 'पंचतंत्र' मिल गया है जिसकी मूल संवेदना अद्यतन व्यापक जीवन की है।" बाल कहानियों की उनकी दूसरी पुस्तक 'हाथी दादा की कहानियाँ' बहुत ही रोचक, पठनीय और प्रेरक है। जंगल के जीवन से जोड़ती हुई ये कहानियाँ जीवन मूल्यों से आत्मसात करवाती हैं। विष्णु प्रभाकर जी के शब्दों में, "अशेष बालकों के मन संसार को बहुत रोचक ढंग से छूते हैं और उन्हें उपदेशों से नहीं, खेलपूर्ण अभिप्रेरणाओं से गुदगुदाते और जगाते हैं।"

घंटी भागी स्कूल से

दूर से देखने पर लगता था कि यह घंटी नहीं, पूर्णिमा का चाँद है।

घंटी बजाने का जिम्मा रामू चपरासी का था।

एक दिन बहुत गजब की घटना घटी।

रामू चपरासी को लगा कि घंटी टन टन की बजाय मनुष्यों की भाषा बोल रही है।

अचानक घंटी बोली- ''तुमने मुझे फाँसी पर लटका रखा है। अगर हर आधे घंटे के बाद मैं यह मोटा हथौड़ा तुम्हारी खोपड़ी पर मारूँ तो?''

''तो...?'' रामू चकरा गया।

''तो एक दिन में तुम्हारी खोपड़ी सफाचट चाँद बन जाएगी और तुम चपरासी की बजाय 'चढ़फाँसी' बन जाओगे।''

रामू ने संभल कर कहा- ''मगर मेरी खोपड़ी से टन की आवाज नहीं निकल सकती। बजना तुम्हारा काम है और बजाना मेरा।''

तभी रामू ने देखा, घंटी जंजीर से निकल कर भाग रही है। जब तक वह उसे पकड़ सकता, घंटी पहिया बन कर तेजी से भागी। आगे घंटी और पीछे रामू!

लोग यह नजारा देख कर हैरान थे।

देर बाद घंटी थक गई तो एक पेड़ पर चढ़ कर सुस्ताने लगी।

रामू पेड़ पर चढ़ने लगा तो घंटी चिल्लाई- ''अब मेरा पीछा छोड़, वरना मैं न्यूटन के सिद्धांत के अनुसार सीधे तुम्हारी खोपड़ी पर गिरूँगी। यह पक्का जान लो कि मैं कभी तुम्हारे हाथ नहीं आऊँगी।''

बेचारा रामू चुपचाप वापस चला गया।

लेकिन शाम को वह फिर उसी पेड़ के नीचे चुप खड़ा था।

घंटी ऊंघने के बाद अब आँखें मल रही थी। वह उदास लग रही थी। उसने रामू से पूछा-''स्कूल के बच्चे घर चले गए?''

घंटी से यह सवाल सुन कर रामू बहुत खुश हुआ? उसने हौसला पाकर कहा- ''हाँ, रोज की तरह उन्हें तो घर जाना ही था।''

घंटी बोली- ''तुमने मेरी जगह नई घंटी लटका दी होगी। अब मैं छुट्टी पर बच्चों को खुश होकर दौड़ते कैसे देखूँगी?''

"तुम वापस स्कूल चलो। मैं तुम्हें लेने आया हूँ। मैं तुम्हें तंग नहीं करूँगा, बल्कि किसी अलमारी में रख दूँगा। तुम आराम से रहना।"

"नहीं....!" घंटी चीखी- "मैं बच्चों को बस्ते के साथ स्कूल आते जाते, पढ़ते-लिखते और खेलते-कूदते देखना चाहती हूँ। आलमारी में पड़े-पड़े तो मैं मर जाऊँगी।" कहते-कहते घंटी रोने लगी।

रामू ने कहा- "रोने की जरूरत नहीं। अभी हमने नई घंटी नहीं खरीदी है। तुम मेरे साथ खुशी में टनटनाती हुई वापस चलो।"

तभी अचानक रामू के सिर पर किसी ने धौल जमाया और कहा-

"टन टन तो तब होगी जब तुम ऊँघना छोड़ कर खुद घंटी बजाओगे।"

स्कूल के स्टूल पर बैठा हुआ रामू चौंक कर आँखें मलने लगा।

उसने देखा, सामने दूसरा चपरासी श्यामू खड़ा कह रहा था- "रामू, पाँच मिनट ऊपर हो गए। जल्दी से चार घंटी बजाओ।"

रामू ने खड़े होकर हथौड़ा उठाया और फिर उस घंटी को घूरा जो सपने में उसे परेशान कर रही थी। उसने उसकी जंजीर को संभाल कर धीरे से चार बार बजा दिया।

उसे लगा मानो घंटी अपनी गूंज पर खुशी से लहराती हुई नाच रही है।

संतोष शैलजा

पताः यामिनी परिसर, आईमा, पालमपुर, जिला कांगड़ा (हि.प्र.) 176061
मो.: 9418788666
ईमेलः skyamini@gmail.com

संतोष शैलजा जी हिमाचल की वरिष्ठ साहित्यकारा हैं। इनका जन्म 14 अप्रैल, 1937 को अमृतसर (पंजाब) में हुआ है। संतोष जी ने लोक जीवन पर आधारित रोचक कहानियों को रचा है। इनकी दो लोक कथाओं की पुस्तकें हैं जिनका स्वयं ही इन्होंने अंग्रेजी में 'टिन्नी पिन्नी चिन्नी' नाम से अनुवाद कर पुस्तकाकार रुप दिया है।

'हिमाचल की लोक कथाएं' और 'पर्वतीय लोक कथाएं' पुस्तकों में नौ-नौ कथाएं संकलित की गई हैं। इन कथाओं में हिमाचल प्रदेश के लोक जीवन में कही-सुने जाने वाली और लगभग हर क्षेत्र का प्रतिनिधित्व करती कथाएं शामिल हैं। इन कथाओं की भाषा शैली सरल और मनोरंजक है। ये कथाएं अपने में रहस्य, रोमांच और रोचकता को समेटे हुए हैं। कथा का रोमांच और उसका रहस्य पाठक को अंत तक बाँधे रखता है। आसान शब्दावली का प्रयोग कर इन कथाओं को लेखिका ने और भी पठनीय बना दिया है।

बुद्धिमान खरगोश

एक बार एक खरगोश, कौआ एवं भेड़िया साथ-साथ कहीं जा रहे थे। जंगल में उन्हें एक लामा की लाश पड़ी मिली। शायद किसी ने उसकी हत्या कर दी थी। तीनों ने मृतक लामा का सामान उठाया और बाँटने लगे। सामान में तीन चीजें थीं- लामा के गर्म बूट, माला और खाने की पोटली।

कौन क्या ले? इसका फैसला न भेड़िया कर पाया, न ही कौआ।

तब दोनों ने खरगोश से कहा- "मित्र! तुम हम तीनों में अधिक बुद्धिमान हो। तुम ठीक बंटवारा कर दो।"

चतुर खरगोश बोला- "मित्रों! बड़े होने के नाते पहला हक तो आपका बनता है। मेरी बारी तो अंत में होगी।" सबसे पहले उसने फर वाले गर्म बूट भेड़िए को देते हुए कहा- "ये तुम्हारे लिए बढ़िया रहेंगे क्योंकि शिकार करने के लिए तुम्हें सर्दी व बर्फ में दूर-दूर जाना पड़ता है। इनसे तुम्हारे पैर गर्म रहेंगे।" भेड़िए ने खुशी-खुशी वे बूट ले लिए।

अब बारी थी कौए की। खरगोश बोला- "मित्र! तुम्हें भोजन की खोज में कई ओर उड़ना पड़ता है। तुम्हारे लिए यह चमत्कारी माला बहुत काम की चीज है। जैसे लामा उसे पहनकर दूर-पास का सब-कुछ जान लेते थे वैसे ही तुम भी इसकी सहायता से बैठे-बैठे ही अपने भोजन का पता जान लोगे।"

कौए ने खरगोश का धन्यवाद करते हुए वह माला अपने गले में डाल ली।

अब खरगोश ने बड़ी बेरुखी से पोटली की तरफ इशारा करके कहा- "अब रही यह पोटली... इस बेकार-सी चीज को मैं ले लेता हूँ।"

भेड़िया और कौआ खरगोश की उदारता से बहुत प्रभावित हुए। तीनों अपने-अपने ठिकाने चले गए। खरगोश अपनी पोटली लेकर घर पहुँचा तो उसे खोलकर बड़ा खुश हुआ। उसमें खाने की सामग्री थी, जिसे कई दिनों तक वह खाता रहा। जब शीत ऋतु आई, तो चारों ओर बर्फ गिरी देख भेड़िए ने वे बूट निकालकर पहन लिए। बूटों के भीतर लगी फर ने उसके पैरों को ठंड से बचा लिया। वह खुशी से चल पड़ा, किंतु कुछ ही कदम चल पाया था कि उसके पैर लड़खड़ाने लगे। भागना तो दूर, उससे तो चला भी न जा रहा था। उसने बड़ी कोशिश की और इसी कोशिश में वह एक चट्टान से फिसलकर ढलान से लुढ़कता हुआ नीचे जा गिरा। प्राण बच गए, पूरे शरीर

में चोटें आ गईं। उसने बूट उतारकर फेंक दिए और जी-भरकर खरगोश को गालियां दीं। उसने उससे बदला लेने की ठान ली।

कौए के साथ भी कुछ ऐसी ही दुर्घटना घटी। वह माला पहनकर पेड़ पर बैठ गया और इंतजार करने लगा कि चमत्कार घटे और उसे छुपे हुए भोजन का पता मिले। परंतु बड़ी देर तक कुछ भी न हुआ। तब उसने उड़ान भरी और उसकी माला शाखा में अटक गई। कौए के गले में माला ऐसे कसने लगी जैसे फाँसी का फंदा हो। उसे लगा कि अब मैं मरा! बड़ी मुश्किल से उसने माला से अपने को मुक्त किया और फाँसी से बचा। उसने भी खरगोश को खूब कोसा और उसे दंड देने का निश्चय कर लिया।

कुछ दिनों बाद भेड़िया और कौआ जंगल में मिल गए। दोनों ने अपने-अपने कटु अनुभव सुनाए और फिर चालाक खरगोश को दंड देने की सलाह की। वे खरगोश को ढूँढ़ने लगे। एक दिन उन्हें दूर से खरगोश दिखाई दे गया। वे उसकी ओर तेजी से बढ़े। खरगोश ने भी इन्हें देख लिया था। वह ताड़ गया कि दाल में कुछ काला है। उसने तुरंत एक पत्थर को जोर से नाक पर रगड़कर घाव कर लिया और कराहता हुआ जमीन पर लेट गया।

भेड़िए और कौए ने क्रोध से पुकारा- "ओ चालाक खरगोश! उठ! हमें तुम्हारी चाल का पता चल गया है। तुमने हमसे कपट किया। अब सजा भुगतने के लिए तैयार हो जाओ।"

खरगोश ने 'हाय-हाय' करते हुए सिर उठाया और बोला- "मित्रो! मैंने क्या कपट किया... मैं तो स्वयं घायल होकर पड़ा हूँ। देखो... मेरी नाक का घाव! ये डाकुओं ने मुझसे पोटली छीनते हुए कर दिया था। उनकी मारपीट के कारण मैं आज तक पड़ा तड़प रहा हूँ।"

खरगोश की कहानी पर दोनों को विश्वास आ गया। उन्होंने अपने भाग्य को दोष देते हुए उसे दंड देने का विचार छोड़ दिया। बुद्धिमान खरगोश ने एक बार फिर उन्हें मूर्ख बना दिया।

संतराम वत्स्य

पता: डॉ. भारतेंदु वत्स्य
सुपुत्र स्व. श्री संतराम वत्स्य
डी-203, सदगुरु कॉप्लेक्स-1,
फिल्म सिटी रोड़, गोरेगाँव पूर्व,
मुंबई-400063
मो.: 9833750770 (सुपुत्र)

हिमाचल के बाल साहित्य की नींव, संतराम वत्स्य जी का जन्म 12 मई, 1923 को कांगड़ा जिला के पालमपुर में धनीरी गाँव में हुआ। संतराम वत्स्य का लेखन क्षेत्र मुख्यतः बाल साहित्य रहा है। इनका बाल साहित्य में बहुत काम है। संतराम वत्स्य ने पशु-पक्षी, परी कथाओं, लोक कथाओं, नीति कथाओं, धर्म कथाओं, बोध कथाओं, चरित्र निर्माण की कहानियाँ तथा पौराणिक कथाओं आदि को अपने बाल लेखन का हिस्सा बनाया है। रचनाओं में अपनी बात को वत्स्य जी बहुत ही आसान और रोचक भाषा में करते हैं। दिल का दौरा पड़ने के कारण संतराम जी का निधन 21 मार्च, 1988 को हुआ जो बाल साहित्य की बहुत बड़ी क्षति थी।

संतराम वत्स्य जी के बाल साहित्य खजाने में बच्चों, किशोरों और बड़ों की लगभग 150 किताबें हैं जिनको इनके परिवार ने कथाएं एवं कहानियाँ, ज्ञान विज्ञान माला, जीवन माला, सामाजिक ज्ञान, पौराणिक कथाएं, निबंध और पाठमाला के फोल्डर्स अंतर्गत संगृहीत किया है। यह एक बहुत अच्छा कार्य हुआ है। इन सब पुस्तकों को पढ़ने के लिए पाठक www.santramvatsya.in वेबसाईट पर विजिट कर सकते हैं। 'कथाएं एवं कहानियाँ' के अंतर्गत

मुख्यत: बचपन की कहानियाँ, बड़ों का बचपन, बाल कथा सरोवर-3, बाल कथा सरोवर-4, बन्दर और मगरमच्छ, भिखारी और राजकुमार, बोध कथाएँ, चरित्र निर्माण की कहानियाँ, छात्र जीवन की कहानियाँ, चिड़िया के मोती, देश देश की लोक कथाएँ, देश प्रेम की कहानियाँ, दो बहने, ज्ञान की कहानियाँ, हिमाचल की लोक कथाएँ, जेम्स एलेन की कहानियाँ, कहानी की कहानी, कथा कहानी, कठपुतला, मानव धर्म की कहानियाँ, मंझली दीदी, मीठा जहर, मेरी कहानी मेरी जुबानी, मिर्च मिठाई, नर भक्षियों के बीच, राजा भोज, सच्चा दान, सीख की कहानियाँ, शैतान की मौत, तिल का ताड़, उड़ने वाला गलीचा आदि पुस्तकें सम्मिलित की गई हैं। 'ज्ञान विज्ञान माला' में वैज्ञानिक सोच को दिखाती पुस्तकें शामिल की गई हैं। इसके अलावा 'जीवन माला' के अंतर्गत विभिन्न वैज्ञानिकों की जीवन गाथा को जोड़ा गया है। 'सामाजिक विज्ञान' में अच्छे नागरिक बनने के साथ मनुष्य के व्यवहार, देश के प्रति उसके कर्तव्य, उसके अधिकार और गाँव-शहर की बात संग स्वास्थ्य व व्यायाम की किताबों को जगह दी है। 'पौराणिक कथाएं' विषय में रामायण, महाभारत की बात करते हुए देवताओं, गुरुओं के साथ महान योद्धाओं की किताबों को शामिल किया गया है। 'पाठमाला' वत्स्य जी की विभिन्न पाठ्यक्रमों में शामिल रचनाओं की बात करता है।

चूहा और बिल्ली

विमला के पास एक पेंसिल है। विमला इस पेंसिल से तरह-तरह की तस्वीरें बनाती है। जानवरों की तस्वीरें, पक्षियों की तस्वीरें और गुड्डे-गुड़िया की तस्वीरें।

एक रात की बात है। विमला अपनी कॉपी में तस्वीरें बना रही थी। तस्वीरें बनाते-बनाते उसे नींद आ गई। कॉपी के ऊपर पेंसिल को रखकर वह सो गई।

एक चूहा इधर-उधर घूम रहा था। उसे भूख लगी हुई थी। वह खाने के लिए कुछ ढूँढ़ रहा था। उसने कॉपी पर रखी पेंसिल उठा ली। वह पेंसिल को अपने पंजों से पकड़कर कुतरने लगा।

चूहे के तीखे दाँत चुभे तो पेंसिल की चीख निकल गई। वह दर्द के मारे कराहने लगी। वह चूहे से बोली, "मुझे छोड़ दो। मैं तुम्हारे किस काम आऊँगी? मैं तो बस लकड़ी का एक टुकड़ा हूँ। मुझे खाकर क्या करोगे! न तो तुम्हारी भूख मिटेगी और न तुम्हें मजा आएगा।

"मैं तुम्हे कुतरूँगा।" चूहा कहने लगा, इससे मेरे दाँतो की खुजली हट जाएगी। लकड़ी की चीजें कुतरने में मुझे बड़ा मजा आता है। अच्छा, तो मैं अब तुम्हें कुतरूँगा।" चूहे ने पेंसिल को कुतरना शुरू कर दिया।

पेंसिल को बड़ा दर्द हुआ। वह रोने लगी। उसने चूहे से हाथ जोड़कर कहा, "मेरी एक बात मान लो। मुझे एक तस्वीर बना लेने दो। फिर तुम्हारा जो जी चाहे वह करना।"

"अच्छी बात है।" चूहा मान गया। "तुम जल्दी-जल्दी तस्वीर बना लो। मुझे देर हो रही है। मुझे और भी काम करना है।"

"अभी लो। दो मिनट में बनाती हूँ।" पेंसिल ने कहा वह तस्वीर बनाने लगी। उसने अंडे जैसा एक गोला बनाया।

चूहे ने पूछा, "क्या यह अंडा है?"

इसे अंडा ही समझ लो। पेंसिल ने कहा और उस गोले के अंदर तीन छोटे-छोटे गोले और बना दिए।

चूहा देखता रहा। पेंसिल तस्वीर बनाती रही। उसने पहले गोले के नीचे एक और गोला बना दिया।

"यह सेब है।" चूहे ने चूं-चूं करते हुए कहा।

"इसे सेब ही समझ लो। पेंसिल ने कहा। वह तस्वीर को पूरा करने लगी।

दूसरे गोले के पास उसने कुछ टेढ़ी लकीरें लगाई।

"अरे वाह! यह तो मूंगफली है!" चूहे ने अपनी जीभ चाटते हुए कहा। "बस, अब जल्दी करो। अब बहुत भूख लगी है।"

"जरा ठहरो।" पेंसिल ने कहा और पहले गोले पर दो छोटे तिकोन बना दिए।

चूहे ने देखा तो डर के मारे उसके कान खड़े हो गए। वह घबराकर पीछे हट गया।

"अरी, बस भी करो! यह क्या कर रही हो। यह तो तुमने बिल्ली जैसा कुछ बना दिया। बस-बस आगे मत बनाओ। चूहे ने और पीछे हटते हुए कहा।

पर पेंसिल रुकी नहीं। वह चुपचाप तस्वीर बनाती रही। उसने बिल्ली की पूरी तस्वीर बना डाली।

इस बिल्ली को देखकर चूहा डर के मारे चिल्ला उठा, "अरे, यह तो सचमुच बिल्ली है।" और वह भाग खड़ा हुआ। वह अपने बिल में घुस गया।

इस तरह पेंसिल ने चूहे से अपनी जान बचाई।

अच्छा, अब तुम भी कोशिश करो। क्या तुम भी ऐसी बिल्ली बना सकते हो, जिसे देखकर चूहे भाग जाएँ।

शेर सिंह

पता: नाग मंदिर कॉलोनी, शमशी, जिला-कुल्लू, हिमाचल प्रदेश - 175126
मो.: 8447037777
ईमेल: shersingh52@gmail.com

आज विश्व पर्यटन मानचित्र पर कुल्लू जिला है। इसी खूबसूरत क्षेत्र में 1 दिसंबर, 1955 को साहित्यकार शेर सिंह जी का जन्म हुआ है। बड़ों के लेखन के साथ बाल साहित्य में इनका मुख्य लेखन बाल कहानी, कविता है। इनकी बाल रचनाएँ पूर्व में देशभर की पत्र-पत्रिकाओं में प्रकाशित होती रही हैं।

शेर सिंह जी की बाल कहानियों की पुस्तक के प्रकाशन का कार्य चल रहा है। इस पुस्तक में इन्होंने बाल मनोविज्ञान के हर पक्ष को रखने की बात कही है। इस पुस्तक में पाठकों को प्रकृति, जीव-जंतु, पेड़-पौधे, शिक्षा-सीख, नैतिकता-मित्रता, आचार-व्यवहार, विज्ञान-टेक्नोलॉजी, घर-परिवार, परिवेश-पर्यावरण इत्यादि विषयों पर अनेक कहानियाँ मिलेंगी। इनकी बाल कविताओं की एक अन्य पुस्तक भी प्रकाशनाधीन है। बाल साहित्य की ये पुस्तकें शीघ्र ही पाठकों तक पहुँचेगी।

मेहनत व्यर्थ गई

एक बार की बात है। रानी नाम की एक हिरणी नंदन वन में रहती थी। अन्य जानवरों की तरह वह भी जंगल में जो कुछ मिलता वह खाती थी और मस्ती में रहती थी। वह बहुत नटखट लेकिन मेहनती थी। एक बार गर्मियों के दिनों में जंगल में जब कुछ खाने को नहीं मिला, तो रानी महोदया झुंड से अलग होकर भोजन की तलाश में गाँव की तरफ आ गई। जंगल से गाँव के आस-पास की दूरी को पैदल तय करते-करते वह पूरी तरह से थक गई। एक तो बहुत दिनों की भूखी थी, उस पर पैदल चलते-चलते थक कर चूर हो गई थी। भूख से निढाल थी और उसे कोई भी चीज खाने के लिए चाहिए थी।

गाँव के आसपास के क्षेत्र कुछ दिनों पहले ही गेहूँ और सरसों आदि की फसल काट लेने के पश्चात खाली पड़े हुए थे। किसान बारिश होने का इंतजार कर रहे थे ताकि दूसरी फसल बो सके। खेत खाली पड़े थे और उन्हें कुछ नहीं हुआ था। हिरणी महोदया गाँव में जा नहीं सकती थी। उसे डर था कि गाँव के रखवाले कुत्ते उसे देखकर गाँव से खदेड़ देंगे। हो सकता है वे उसे जान से ही मार दें। इसलिए वह गाँव में जाने की हिम्मत नहीं कर सकी। वह खेतों में ही कुछ ढूँढ़ने लगी।

एक खेत से दूसरे खेत में चलते-ढूँढ़ते उसे गेहूँ की एक बड़ी-सी बाली मिली। वह खुश हो गई। खाने का कुछ जुगाड़ हो गया, मानकर वह गेहूँ की बाली में से पके दाने निकालने लगी। गेहूँ के दाने मोटे और खूब भरे-भरे, पके हुए थे। अब सोचने लगी कि इन दानों को वह ऐसे ही नहीं, बल्कि उनकी रोटी बनाकर खाएगी।

उसने दानों को साफ किया। धूप में सुखाया और उन्हें पीसने के लिए नाले के पास बनी पनचक्की पर ले गई। उसने धैर्य से गेहूँ के दानों को पनचक्की में पीसने डाला। गेहूँ के दाने पिसकर आटे में बदल गए। उसने आटे को एक साफ-सुथरे पत्थर पर लाकर रख दिया। उसमें पानी मिलाकर अच्छे से गूंथा। आटा गूँधकर उसकी एक बड़ी-सी लोई बनाई। अब उसकी भूख बढ़ने लगी थी। अब तो वह रोटी बनाकर ही दम लेने वाली थी इसलिए वह अपनी भूख पर काबू रख पा रही थी।

आटा गूँधकर तैयार था। अब उसे आग जलाकर तवे पर रोटी पकानी थी। उसने आग जलाई। परंतु तवा तो था नहीं। इसलिए हिरणी महोदया ने चूल्हे के ऊपर एक पतला सपाट पत्थर रखा और उसी पर रोटी सेंकने लगी। आग कभी जल रही थी कभी बुझ रही थी। खूब धुआं उठ रहा था। फूंक मारते-मारते उसकी आँखों से पानी बहने लगा लेकिन अब तो उसे रोटी पकानी ही थी और रोटी खाकर अपनी भूख मिटानी ही थी। वह रोटी को ठीक से सेंकने में जी-जान से जुटी थी। लगातार प्रयास से वह अपने काम में सफल हो गई। रोटी तैयार हो गई थी। उसकी खुशी का कोई ठिकाना नहीं था।

हिरणी महोदया ने सोचा कि रोटी तो तैयार है। जितनी मेहनत और लगन से उसने उसे तैयार किया है, इसके लिए उसे कुछ विशेष जश्न का आयोजन करना चाहिए। चूंकि वह भूखी थी और रोटी भी तैयार थी इसलिए ज्यादा आयोजन को छोड़ उसने रोटी को नाले के पास एक बड़े पत्थर के ऊपर रखा। पत्थर के पास पानी से भरा नाला बह रहा था। वह रोटी के इर्द-गिर्द घूम-घूमकर और गा-गाकर खुशी से नाचने लगी। पत्थर के ऊपर पड़ी गोल-मटोल रोटी जैसे हँस-हँसकर उसे और नाचने के लिए प्रेरित कर रही थी। उसके मुँह में पानी आ रहा था। परंतु वह अपनी कामयाबी पर जमकर खुशी मनाना चाहती थी। इसलिए वह रोटी के इर्द-गिर्द गोल दायरे में झूम-झूमकर नाच रही थी, गा रही थी।

नाचते-नाचते अचानक पता नहीं कैसे उसके पाँव से रोटी को धक्का लगा। इस धक्के से रोटी उछलकर बहते नाले के पानी में गिर गई। हिरणी ने रोटी को पानी में गिरते देखा तो जैसे उसकी जान ही निकल गई। उसने रोटी को पकड़ने की बहुत कोशिश की लेकिन रोटी तेज बहते पानी में बह गई और आँखों से ओझल हो गई। उसे बहुत पछतावा हुआ और रोना आ गया। उसे अब अपने पाँव पर बहुत क्रोध आया। पाँव ने धक्का मारकर रोटी को बहते पानी में गिरा दिया था। हिरणी ने गुस्से में अपने पाँव को अपने दांतों से चबा डाला। वह घायल हो गई थी। हिरणी रानी अब भूखी ही रह गई थी। उसकी सारी मेहनत व्यर्थ हो गई थी।

सुदर्शन वशिष्ठ

पता: "अभिनंदन" कृष्ण निवास, लोअर पंथा घाटी, शिमला-171009
मो.: 9418085595
ईमेल: vashishthasudarshan@gmail.com

हिंदी साहित्य में सुदर्शन वशिष्ठ जी एक जाना माना नाम है। 26 सितंबर, 1949 को चाय की नगरी पालमपुर में जन्में वशिष्ठ जी के लेखन में साहित्य की हर विधा सम्मिलित है। बालोपयोगी साहित्य में इन्होंने लोक कथाओं पर मुख्यत: कार्य किया है। इनकी बाल कथाएं बालभारती, नंदन आदि बाल पत्र-पत्रिकाओं में प्रकाशित होती रही हैं।

सुदर्शन वशिष्ठ जी की पुस्तक 'कथा और कथा' में बाल सुलभ, शिक्षाप्रद और ज्ञानवर्धक कथाओं को लिया गया है। 'होशियार बालक', 'नीति कथा'. जैसी कथाएं बच्चों को प्रेरणा प्रदान करती हैं। 'हिमाचल प्रदेश की लोक कथाओं' में बालोपयोगी कथाओं का चयन हुआ है जिनमें 'नन्हा राजकुमार और राक्षस', 'शेर और बछड़ा', 'गुणवती कन्या', 'कमल का फूल' जैसी कथाएं शिक्षा व संदेश देती हैं तो कुल्लू दशहरा, नैणा देवी जैसी कथाएं ज्ञानवर्धन करती हैं। एक बालक अपने विवेक से सदियों से गाँव में फैली कुरीति को समाप्त करता है। गाँव में नकारे बूढ़ों को पहाड़ पर छोड़ आने की बुरी रीति थी जिसे बालक ने अपने दादू का पक्ष ले कर समाप्त कर दिया। यह बात 'बालक की सीख' कहानी बताती है।

रंगीन चिड़िया

सोनू और भोलू के शिकंजे में आखिर चिड़िया आ ही गई। कई दिनों से सोनू और भोलू चिड़िया पकड़ने की फिराक में थे। बरामदे के छज्जे में चिड़ियों ने घोंसले बना रखे थे। समय आने पर उनके छोटे छोटे बच्चे घोंसले से बाहर निकल आए। बहुत छोटे बच्चे "चिल्ली चिल्ली" करते अपने माँ-बाप के साथ उड़ने लगे। सोनू और भोलू इनको पकड़ने के लिए भागते, ये ऊँची जगह पर बैठ जाते। वे उन्हें पकड़ने की कई तरकीबें बनाते परन्तु कामयाब नहीं होते।

आखिर एक दिन जब भोलू घर में घुसा तो एक चिड़िया को शीशे के पास बैठे देखा। चिड़िया बार-बार अपनी चोंच से शीशे में टक-टक कर रही थी। चिड़िया इस काम में बहुत मगन थी। शायद उसे शीशे में एक और चिड़िया दिख रही थी। भोलू ने चुपचाप सोनू को भी बुला लिया। दोनों ने एक पतली चादर चिड़िया के ऊपर डाल दी। चिड़िया बहुत चीखी, चिल्लाई पर भोलू ने नहीं छोड़ा।

चिड़िया का मुँह खुला था। वह भय से कांप रही थी। अब सबसे पहला काम जो भोलू ने किया वह यह था कि पानी में रंग मिला कर चिड़िया को रंग डाला। पानी गिरने से चिड़िया चीं-चीं कर चिल्लाती रही। सोनू कटोरी में दूध ले आया और उसकी चोंच दूध में डूबो दी। परन्तु चिड़िया ने दूध नहीं पिया।

"पापा! चिड़िया के लिए पिंजरा ला दो न।" भोलू ने कहा। उसके पापा चिड़िया को पकड़ने पर बहुत नाराज हुए। आखिर उसकी जिद से तंग आ कर पिंजरा ला दिया। दोनों ने पिंजरे में सूखा घास डालकर घोंसला बना दिया और चिड़िया को उसमें डाल दिया। चिड़िया पिंजरे के भीतर उड़ने लगी और लोहे की जाली को चोंच मारने लगी। थोड़ी ही देर में उसकी चोंच लहुलुहान हो गई। वह फर्र से उड़ती और धप्प से नीचे गिर जाती।

रात को पिंजरे में दूध की कटोरी, रोटी के टुकड़े और चावल डाल कर दोनों निश्चिंत सो गए।

सुबह उठते ही पिंजरे के पास गए तो देखा चिड़िया एक ओर पड़ी हुई थी....निढाल, बेसुध, गुमसुम। .....कहीं मर तो नहीं गई....सोनू ने पिंजरा हिलाया। चिड़िया ने पड़े-पड़े ही डर के मारे मुँह खोल दिया।

चिड़िया की हालत देख दोनों डर गए। सोनू ने चुपचाप चिड़िया को निकाला और बरामदे में छोड़ दिया।

दोनों दिन भर डरे-डरे रहे कि पता नहीं कब और कहाँ चिड़िया मरी हुई मिलेगी और पापा गुस्सा करेंगे।

तीसरे दिन उन्होंने छत पर एक रंगीन चिड़िया उड़ती देखी। वे खुशी से तालियाँ बजाने लगे।

डॉ. सुशील कुमार फुल्ल

पता: पुष्पांजलि, राजपुर (पालमपुर), जिला-कांगड़ा (हि.प्र.)-176061
मो.: 9418080088
ईमेल: sushilphull@gmail.com

डॉ. सुशील कुमार फुल्ल जी जहाँ बड़ों के साहित्य में विशेषकर कहानी विधा में एक चर्चित नाम है वहीं बाल साहित्य में भी इन्होंने 5 बाल उपन्यास, एक बाल कहानी और एक कविता संग्रह में शानदार लेखन किया है। 15 अगस्त, 1941 को पंजाब के काइनौर में डॉ. फुल्ल जी का जन्म हुआ है। देश की बाल पत्र-पत्रिकाओं में इनकी बाल रचनाओं का प्रकाशन होता रहा है। फुल्ल जी एक पत्रिका 'रचना' का संपादन भी करते हैं।

इनका पहला उपन्यास 'टकराती लहरें' भारत-पाक के सन 1965 युद्ध की पृष्ठभूमि पर आधारित है। सातवीं का छात्र रंजन इसका नायक है जो युद्ध भूमि में जा रहे भारतीय सैनिकों की सेवा में साथियों सहित जुड़ा रहता है और अपने साहसिक कारनामों से ख्यात होता है। दूसरा बाल उपन्यास 'पर्वतों के ऊपर' घुमंतू गद्दियों के बालकों की पढ़ाई में आने वाली समस्याओं को चित्रित करता है और मोबाइल स्कूल की मौलिक अवधारणा के कारण चर्चित हुआ है। उधम सिंह के जीवन पर आधारित शौर्य गाथा के रूप में उपन्यास 'ललकार' शीर्षक से प्रकाशित हुआ। उपन्यास 'वापसी' बालकों के मन से भूत-प्रेतों संबंधी अंधविश्वासों के निराकरण के लक्ष्य से लिखा गया है। एक अन्य उपन्यास 'लाल मिट्टी की करामात' शहीद भगत

सिंह के जीवन पर आधारित है। पर्यावरण संबंधी जानकारी पर आधारित इनका नवीनतम उपन्यास 'खुल जा सिम-सिम' प्रकाशनाधीन है।

उपन्यासों के अतिरिक्त सुशील कुमार की बाल कहानियों की पुस्तक 'पुड़िया और गुड़िया भी' तथा बाल कविताओं की पुस्तक 'भारत के वीर महान' का भी प्रकाशन हुआ है। इसके अतिरिक्त इन्होंने बाल एकांकी में भी लेखन किया है। 'गीदड़ नहीं फँसा' एकांकी विशेष चर्चित रहा।

"वीर साहबो"

उपन्यास अंश

साहबो सुना रहा था-भेड़-बकरियाँ इधर-उधर चर रही थीं। बब्बर आस-पास ही पूंछ हिलाता घूम रहा था। मैं एक पत्थर पर बैठा धौलाधार (धवलश्वेत-धार) की हिमाच्छादित स्निग्ध पहाड़ियों का सुंदर दृश्य निहार रहा था। हम हर वर्ष इन ऊँचे-ऊँचे पर्वतों को पार करके ही तो आते हैं। यहाँ बैठकर ऊपर देखने से पर्वत और भी ऊँचे दिखाई देते हैं।

"अरे साहबो! तुम उलट-पुलट बातें कब से सोचने लगे। उमर के अनुसार ही सब बातें अच्छी लगती हैं।" दादा ने बीच में ही कहा।

"मैं अपने विचारों में खोया बैठा था। इतने में ही एक मेमने के मिमियाने की आवाज मेरे कान में पड़ी। लगता था वह भयभीत हो गया था। मैंने ध्यान से सुना, मेमना सचमुच निरंतर मिमियाता चला जा रहा था। फिर मुझे उसी दिशा में बब्बर के भौंकने की आवाज भी सुनाई दी। मुझे थोड़ी आशंका हुई। मैं तुरंत उसी ओर बढ़ा। क्या देखता हूँ कि थोड़ी दूर मेमना भयभीत खड़ा था। बब्बर पंजे उठा कर भौंकता तथा पीछे हट जाता। मुझे ऐसी स्थिति का कारण समझ में नहीं आ रहा था।"

"कोई भेड़िया दिखाई दे गया होगा।" दादी ने कहा।

"नहीं! मैंने इधर-उधर देखा। कहीं कुछ दिखाई नहीं दे रहा था।" साहबो ने कहा।

"फिर बब्बर भौंक क्यों रहा था? दादा जल्दी से जल्दी साहबो की साहसिक कथा सुनना चाहते थे।

"मैं मेमने की ओर गया। फिर भी कुछ पता नहीं चला। मैं अभी सोच ही

रहा था कि अचानक फर्राटे की आवाज सुनाई दी, मानो कोई भारी-भरकम टैंक भूमि को दबाता चला आ रहा हो। मैं चौकस हो गया। अचानक मेरी दृष्टि वृक्ष पर लटक रहे एक अजगर-साँप पर गई। मैं एकदम घबरा गया। ऐसा मोटा अजगर मैंने पहले कभी नहीं देखा था। उसका खुला मुँह देखकर लगा मानो वह मेमने तथा बब्बर को एक साथ निगल जाएगा। अजगर के खुले मुँह में दो तीखे मुड़े हुए दांत बड़े भयानक लग रहे थे।" सहमी वाणी में साहबो अपने दादा-दादी को अपनी आपबीती सुना रहा था।

"अजगर को देखकर तुम भागे नहीं?" दादी ने पूछा।

"भागता कैसे?"

"बहुत डर गया होगा!" दादा ने कहा।

"मुझे अपने जीवन की रक्षा तो करनी ही थी, परंतु साथ ही मैं अपने प्यारे मेमने को भी अजगर के मुँह से बचाना चाहता था।" साहबो ने कहा।

"ऐसे अवसर पर तो तुम्हें अपने प्राणों की रक्षा का ही ध्यान रखना चाहिए था। जान-बूझकर मौत के मुँह में जाना कहाँ की बुद्धिमानी है?" जगत राम ने फिर कहा- "शायद तुम नहीं जानते कि अजगर बहुत चालाक जानवर होता है। अपने शिकार की घात में यह चुपचाप पड़ा रहता है। जब इसे विश्वास हो जाए कि शिकार इसकी पकड़ की रेंज में आ गया है, तो यह विद्युत की गति से झपट पड़ता है और अपने शिकार को पकड़ लेता है। शिकार छोटा-मोटा हो तो उसे समूचा ही निगल जाता है। यदि इसके मुँह के आकार से बड़ा हो, तो यह अपने धड़ की पकड़ में लेकर उसके चारों ओर लिपट जाता है तथा अपने शरीर के दबाव से शिकार की हड्डियां चटखा देता है। साँस न आने पर इसके चंगुल में फँसा जानवर तुरंत ही मर जाता है।

"अच्छा!" आश्चर्य से साहबो ने कहा।

"साहबो! तू अपनी बात बता। इसकी तो आदत ही है, बीच में अपना ज्ञान बघारने की। हाथ उसने कभी गल्साट (वाटर-स्नेक) को भी नहीं लगाया और बात अजगर की करेगा।"

जगतराम मुस्कुरा-भर दिया था।

"अजगर अभी वृक्ष की डाली पर लटक रहा था। वह अपनी जीभ को लपलपा रहा था। मेमना वैसा ही सिमटा-सा खड़ा था। यदि मैं मेमने को जरा-सा भी डराता, तो वह ढलान से लुढ़कता हुआ तुरंत खड्ड में जा गिरता।

यह तो और भी बुरा होता है। मेरे मन में आया कि इस अजगर के खुले मुँह में लोहे की गर्म-गर्म शलाका घुसेड़ दूं। परंतु ऐसी शलाका वहाँ कहाँ से लाता! मैं क्रोध से तिलमिला उठा। मैंने आव देखा न ताव, एक बड़ा-सा पत्थर उठाया तथा निशाना साधकर अजगर के मुँह पर फेंका। परंतु अजगर के हिलने के कारण निशाने पर नहीं लगा।"

"मैंने पुनः एक तीखा-सा पत्थर उठाया। अबकी बार और भी क्रोध से दे मारा। आ हा! नुकीला पत्थर सीधा अजगर के मुँह में धंस गया। वह बहुत तिलमिलाया। उसे शायद बड़ी चुभन हुई थी या उसकी साँसें क्षण भर के लिए रुक ही गई थी। मैं उसे इस स्थिति में देखकर बड़ा प्रसन्न था। इतने बड़े अजगर को मैंने मुसीबत में डाल दिया था।"

"तभी मुझे लगा, मेरे प्राण सूख गए हैं। मानो मुझे अजगर ने जकड़ लिया हो। मैं अभी तक सोच रहा था कि इतने भारी-भरकम शरीर वाला अजगर फुर्तीला नहीं हो सकता। मैंने देखा, वह फुंफकारता हुआ क्रोधावश में वृक्ष के नीचे उतरने लगा था। अब क्या किया जाए! अब तो वह हमें खा ही जाएगा। मैं तुरंत मेमने की ओर दौड़ा। मेमने को उठाया तथा भागने लगा। परंतु सामने अजगर को आता देख मेरे हाथों के तोते उड़ गए। मैं ढलान की ओर झुका। मुझे नहीं पता कब मैं मेमने को साथ लिए ढलान पर से नीचे खड्ड की ओर लुढ़क गया।"

"अजगर की धीमी फुंफकार अब भी सुनाई दे रही थी। मैं दहल गया था। सोचा रहा था, मैं और मेमना इकट्ठा ही मरेंगे। मैं वैसे ही लेटा रहा था... उसकी प्रतीक्षा करता रहा। ... फिर ऐसे लगा मानो कोई हिरण रिरियाया हो। मानो अजगर से भिड़ रहा हो। जैसे मल्लयुद्ध हो रहा हो। इसके बाद मुझे नहीं पता मैं कहाँ था या अजगर कहाँ था। होश आया तो यहाँ आँख खुली।"

"परमात्मा का लाख-लाख शुक्र है। यदि अजगर पीछे पड़ा रहता तो खैर नहीं थी।" दादी ने निःश्वास लेकर कहा।

"अजगर को रास्ते में हिरण मिल गया होगा। हिरण या बकरे जैसा जानवर तो उसका स्वादिष्ट भोजन है ही। क्षणभर के लिए बेचारा हिरण चरमराया होगा फिर अजगर के पेट में होगा। देखो, मौत का कुछ पता नहीं होता। कैसे वह हिरण आकर उसके चंगुल में फँस गया!" जगतराम ने कहा।

"दादा, मेरे पास यदि तीर-कमान होता, तो मैं तीर चलाकर अजगर का मुँह चीर देता। फिर वह तड़प कर रह जाता।" साहबो हँस दिया।

त्रिलोक मेहरा

पता: गाँव-मेड़हा,
तहसील-पालमपुर,
जिला-कांगड़ा (हि.प्र.)
मो.: 8219360278
ईमेल: trilokmehra7@gmail.com

कांगड़ा के बीजापुर को महाराजा संसार चंद की जन्मस्थली माना जाता है। इसी बीजापुर में 7 मई, 1951 को साहित्यकार त्रिलोक मेहरा जी का जन्म भी हुआ है। बाल साहित्य में इनकी रुचि एकांकी, नाटक को लेकर है। बाल कहानियाँ भी लिखते हैं। त्रिलोक जी एक शिक्षक रहे हैं। इन्होंने स्कूली बच्चों से नाटक, एकांकियों का मंचन भी खूब करवाया है। इनका बाल साहित्य लेखन मुख्यत: वैज्ञानिक सोच, पर्यावरण, अंधविश्वास आदि विषयों पर केन्द्रित रहा है।

त्रिलोक मेहरा जी की बाल एकांकी और बाल कहानी के पुस्तक की योजना है। बाल एकांकी पुस्तक में 'रक्षा बंधन', 'उल्लू', 'नन्हे विज्ञानी', 'खेल' आदि एकांकियां सम्मिलित होंगी जबकि बाल कहानी पुस्तक की चयनित कहानियों में 'मम्मी को छुट्टी है', 'हल्ली-कसल्ली' आदि प्रमुख हैं।

खेल

(मीम गाँव के अपने कच्चे घर के आँगन में अकेला खड़ा है। मौसम गर्म है। आँगन में आम के छायादार पेड़ के नीचे मंजी है जिसके बाण के टूटने से दो बड़े झरोखे हो गए हैं। सावित्री दौड़कर आती है और एक छेद से गुजरकर दूसरे छेद से निकलती हुई मंजी के दूसरे छोर पर खड़ी हो जाती है। मीम उसे देखता है, बोलता नहीं।)

सावित्री- छू-छपाटा खेलते हैं। कारो, ले छू मुझे।

सावित्री- नहीं पहले तू छू। (वह बिना रुके खेल रही है।)

कारो- ले छू लिया। (उसने आगे दौड़कर उसे पकड़ लिया।)

सावित्री- नहीं, ऐसे नहीं। तू मेरे पीछे-पीछे आ। कौन कितना तेज भागता है? पकड़।

(दोनों दूर के छोरों पर हैं। कारो पहले छेद में सिर डालता है और दूसरे तक जा पहुँचता है। सावित्री मुड़कर पहले झरोखे पर आ जाती है। उनके दौड़ने का चक्कर बन गया है। वे चहक रहे हैं। मीम उनके साथ नहीं खेल रहा है। उनकी हँसी को सुनकर रेणु और सीमा दौड़ते हुए आ जाती हैं। सब बच्चों की औसतन वय पाँच-सात वर्ष है। सावित्री और कारो उनसे बड़े हैं। रेणु मीम के जन्मणोत्रू बालों में हाथ फेरती है।)

रेणु- मेरा भैया, मीम बड़ा सुंदर है। (मीम उसका हाथ पीछे हटा देता है।)

सीमा- इसकी मम्मी इसे मिट्टी से नहीं खिलने देती है।

रेणु- नहीं, वह मेरे साथ खेलता है।

सीमा- पूछ ले। कहती हैं, मिट्टी में गंदा हो जाएगा।

मीम- नहीं, मम्मी ऐसे नहीं कहती। गंदी मिट्टी से खेलने से मना करती है।

रेणु- हाँ, हम उसके सामने खेलते हैं।

मीम- आओ खेलते हैं। इनके साथ नहीं खेलना।

सीमा- मीम हमारी प्यारी बहन है। रोटियां-रोटियां खेलते हैं।

मीम- हाँ। मैं सब्जी लाता हूँ। (छोटे-छोटे कंकड़ इकट्ठे करता है।)

रेणु- सीमा चल हम रोटियां बनाते हैं। आग कौन जलाएगा?

मीम- मैं जलाऊंगा। (आकर चूल्हे में झूठ-मूठ आग जलाने का उपक्रम करता है।) आग जल गई। अच्छी-अच्छी रोटियां बनाना।

रेणु- मैं आटा गूँधती हूँ। (खिलौना थाली में आटा मलती है।) मम्मी ऐसे करती है।

(तीनों चूल्हे को घेरकर बैठे हैं। मीम ने फूंक मारने के लिए नली पकड़ी है।)

रेणु- तू रोटियां जला रही है।

सीमा- नहीं, ऐसे कच्ची रह जाएँगी।

(वे खिलौना बर्तन सजाते हैं। खाना खाते हैं।)

रेणु- तू सदा भूखा ही रहता है। (तीनों हँसते हैं।)

सीमा- पेट छत हो गया। (पेट पर हाथ फेरती है और डकारती है। सब हँसते हैं।) यहीं सो जाते हैं।

रेणु- नहीं, अब लुक-लकाड़ा खेलते हैं। (सब बच्चे 'हाँ' में तालियाँ बजाते हुए किलकारते हैं। सावित्री और कारो भी उनसे मिल जाते हैं।)

समवेत स्वर- हाँ, हाँ।

(सब राजी हो जाते हैं। वे एक-दूसरे के हाथ पकड़कर पुठ-सिध करते हैं। छिपे हुए को तलाश करने की बारी कारो की पड़ती है। वह आँखें बंद कर लेता है। सब यहाँ-वहाँ, बंदरी के पीछे, खिंदों में, पिछवाड़े और आम के पीछे लुक जाते हैं। वे उसे आवाज नहीं देते हैं। कुछ देर बाद वह आँखें मलते हुए खोलता है। यहाँ-वहाँ करते हुए उसकी नजर आम के पीछे छिपे मीम की पीठ पर पड़ती है। कारो जाकर उसकी पीठ पर हाथ रख देता है।)

कारो- पकड़ लिया। (सब शोर करते सामने आ जाते हैं। अब मीम की बारी थी।)

मीम- लुक गए सब?

समवेत स्वर- हाँ।

(मीम इधर-उधर घूमता है। वह खिंदों के ढेर में अंदाजा लगाता है और एक खिंद खींचकर सीमा को कंधे से पकड़ता है।)

मीम- ये रही। (सब सामने आ जाते हैं।)

सीमा- जाओ और लुक जाओ। (जिसने आँखें बंद कर ली हैं।)

(सबने अपने छुपने की जगह बदल ली है। मीम कमरे में रखे चार पबों पर टिके लकड़ी के बक्से के पीछे बोरी बिछाकर लेट जाता है।)

कारो- आ जाओ। (अपने घर के रास्ते में जाते हुए बोला।)

(सीमा ने सब जगह देख लिया। कोई नहीं मिला। थककर वह आँगन में बैठ गई है। सबको हाँकें लगाई, कोई सामने नहीं आता है। हारकर वह भी अपने घर चली जाती है।)

(रात्रि का पहला पहर। घर के अंदर अँधेरा है। मीम की माँ और रमेश भीतर आकर बत्ती जलाते हैं और बातें करते हैं।)

माँ- देख, वह घर में दिखता ही नहीं। पता नहीं कहाँ होगा। वे कुड़ियां ही जाने।

रमेश- माँ, मीम दरवाजा तो बंद कर जाता। इसे भी खुला छोड़ गया है।

माँ- मुन्नुआ, हक पा उसको। अंधेरे का भी कोई डर नहीं उसे।

(आँगन में आकर रमेश हाँकें लगाता है। कोई उत्तर नहीं आता है। माँ भी बाहर आ जाती है और उसे पुकारती है।)

माँ- मीम? ओ मीम। कहाँ है? तेरी माँ घर आ गई है। घर आ। रमेश, जा। देख उसे, किसके घर में रोटियां मार रहा है।

(कुछ अंतराल के बाद रमेश अकेला आकर आँगन में खड़ा हो जाता है।)

रमेश- मीम कहीं नहीं है। सब घरों में देख लिया।

माँ- मेरी मीम को कुत्तों-बिल्लियों ने खा लिया। हाय। फिर देख। रेणु-कारो के घर जाकर देख। ला उनको, मैं पूछती हूँ।

(औरतें और बच्चे वहाँ आ जाते हैं। माँ रोने लगती है।)

माँ- कारो के साथ रहता था मेरा मीम। बता कहाँ है? (कारो का बाजू पकड़ती है।)

कारो- मैं पहले ही घर आ गया था। (अपनी माँ का पल्लू पकड़ता है।)

माँ- कहाँ से आ गया था? और कौन था?

कारो- मीम के घर से, यहीं से। सावित्री भी थी।

सावित्री- मैं तो तेरे से पहले ही चली गई थी।

कारो- तू भी खेल रही थी लुक-लुकाड़ा। झूठ बोलती है।

सावित्री- (रोने लगती है।) तूने मेरी पीठ में मुक्का मारा था। रेणु और सीमा भी थी तुम्हारे साथ।

रेणु- ओए। तुम दोनों झूठे हैं। हम सब खेल रहे थे। पता नहीं मीम कहाँ छुपा था।

रमेश- तुम कहाँ-कहाँ लुक रहे थे।

रेणु- मैं वहाँ थी। (उंगली से इशारा करती है।)

सीमा- मेरी बारी ढूँढ़ने की थी। मुझे कोई नहीं मिला था। मैं आँगन में बैठकर अपने घर चली गई थी।

माँ- सच बोलो। पुलिस ले जाएगी तुम सब को।

रमेश- सीमा सच बोल रही है। (सीमा की पीठ थपकता है।) खिंदों में कौन था?

सीमा- मैं।

माँ- सावित्री, तू बता छिपने की जगह।

सावित्री- पिछवाड़े होती थी। लेकिन जब सीमा की बारी थी तो मैं रास्ते में थी और घर चली गई थी। हैं न मम्मी? (सब औरतें आपस में आँखें मिलाती हैं।)

समवेत स्वर- वह यहीं होगा। घर के अंदर ढूँढ़ो। यहीं कहीं होगा।

माँ- कोई ले गया उसे। कुत्ते-बिल्लों ने खा लिया। बड़ा सुंदर था। पूरी अंग्रेज मीम था। कोई नाम से नहीं बोलता था।

समवेत स्वर- चलो सब देखते हैं। (सब भीतर चले जाते हैं।)

माँ- मैंने देख लिया है। वह अंदर नहीं है। इन्होंने मिलकर उसे मार दिया।

समवेत स्वर- कोई नहीं मारता। वह यहीं होगा। उसे नींद आ गई होगी।

(सब गुनगुन करते बाहर आ जाते हैं। माँ चीखें मारने लगती है। रमेश फिर अंदर की ओर दौड़ता है। कुछ देर बाद वह चिल्लाता है।)

रमेश- माँ, मिल गया। (सबमें हलचल होती है।)

माँ- कहाँ है?

रमेश- मीम पेटी के पीछे सोया था। (अपनी गोद में उठाकर ले जाता है। आँगन में सबके सामने खड़ा करता है। मीम आँखें मलते सबको देखता है।)

रमेश- खड़ा हो। हाँ, सीधा रह। (उसके सिर पर हल्के से हथेली मारता है।)

माँ- (आगे बढ़कर खींचकर गले लगाती है और चूमती है।) तुझे जीते जी मार दिया था। माँ बड़ी डायन होती है।

(औरतें, बच्चे अपने-अपने घर चले जाते हैं।)

पद्य खंड

डॉ. गौतम शर्मा 'व्यथित'

पताः राजमंदिर नेरटी,
डाकघर-नेरटी, तहसील-शाहपुर,
जिला-कांगड़ा, हि.प्र.-176208
मो.: 9418130860
Email: vdr.gautam@yahoo.in

जिला कांगड़ा के ऐतिहासिक गाँव नेरटी में 15 अगस्त, 1938 को वरिष्ठ साहित्यकार डॉ. गौतम शर्मा 'व्यथित' जी का जन्म हुआ है। लोक साहित्य में विशेष कार्य करने वाले व्यथित जी बाल साहित्य में भी लिखते रहे हैं।

बाल साहित्य की इनकी पुस्तकों में 'जादू का तालाब' कहानी बच्चों में साहस, धैर्य से कार्य करने पर, अंततः कठिन से कठिन कार्य में भी सफलता मिलती है, इसका विश्वास जगाती है। 'दो ठग' का कथानक सुनार और गुज्जर, दो व्यक्तियों के चालाक होने के चरित्र पर आधारित है। 'कागज का हंस' कथा मायावी रानी की वास्तविकता का बोध होने पर छद्मवेशी जीवन का पर्दाफाश करती है। 'काठ का घोड़ा' कथा यह समझाने का प्रयास करती है कि हमें कोई भी बात सुनकर तुरंत विश्वास नहीं करना चाहिए। 'राजकुमारी और तोता' इस बात को समझाती है कि दुःख के बाद सुख अवश्य आता है। वर्ष 2019 में प्रकाशित पुस्तक 'चिड़िया कहाँ खो गई तू' में 49 बाल कविताएं संकलित हैं। मनोरंजन के साथ-साथ ये कविताएं शिक्षाप्रद होने के साथ बालमन के सहज प्रश्नों के उत्तर भी देती हैं।

कदम बढ़ाओ

राष्ट्रीय झंडा हाथ में लेकर,
तुम आगे-आगे बढ़ते जाओ।
रुके नहीं प्रगति की बेला,
मिलकर सारे कदम बढ़ाओ।।

हम सारे भारत के वासी,
दुःख में सुख में सब के साथी।
हिंसा नहीं है धर्म हमारा,
शांति का मार्ग अपनाओ।।

लहर-लहर झंडा लहराता,
विजय गीत है सैनिक गाता।
शत्रु कोई बन न पाये,
मैत्री के संबंध बनाओ।।

निर्बल के बलवान बनो तुम,
दुखियों के भगवान बनो तुम।
स्वर्ग बना दो अपने गाँव,
मिट्टी में सोना उपजाओ।।

जीवन है क्षणभर की लीला,
ईर्ष्या से मन हो न पीला।
सद्भावों को अपनाओ तुम,
विजय पथ पर बढ़ते जाओ।।

रुके नहीं प्रगति की बेला,
मिलकर सारे कदम बढ़ाओ।।

सपने में ही प्रातः उठता

थक जाता हूँ पुस्तक रटता,
जितना पढ़ता, उतना थकता।

नींद नहीं पूरी है होती,
सपने में ही, प्रातः उठता।
थक जाता हूँ पुस्तक रटता।।

होमवर्क नहीं पूरा होता,
सोने पर भी रहता जागा।
मेरी खातिर मम्मी पढ़ती,
चिंता में हैं हरदम पापा।
चलना-फिरना मुश्किल करता,
कसा पीठ पर भारी बस्ता।
सपने में ही प्रातः उठता,
थक जाता हूँ पुस्तक रटता।।

महंगी हो गई आज पढ़ाई,
बेकारी, बेकार पढ़ाई।
खेल खेलना हमें मना है,
टाइम टेबल इस तरह बना है।
पंछी बन उड़ान भरें हम,
हरदम मेरा मन है करता।
सपने में ही प्रातः उठता,
थक जाता हूँ पुस्तक रटता।।

पापा! क्या तुम भी थे पढ़ते?
हरदम पुस्तक ही थे रटते।
तब भी था क्या बस्ता भारी,
खेलते-खेलते, डरते-डरते।
'व्यथित' उपाए ऐसा सोचो,
आँखों से हर बच्चा कहता।
थक जाता हूँ पुस्तक रटता,
सपने में ही प्रातः उठता।।

कृष्णा अवस्थी

पता: गाँव व डाकघर-बिंद्रावन,
तहसील-पालमपुर,
जिला-कांगड़ा
(हि.प्र.) 176061
मो.: 9805583438

चाय के बागानों के लिए प्रसिद्ध पालमपुर में 9 फरवरी, 1944 को जन्मी कृष्णा अवस्थी जी बड़ों के साहित्य के साथ बाल साहित्य में भी बराबर दखल रखती हैं। बाल साहित्य में कृष्णा जी की मुख्य विधा कविता रही है। इनकी कुल 9 किताबें प्रकाशित हैं जिसमें तीन बाल साहित्य की किताबें भी सम्मिलित हैं। इनकी बाल कविताओं पर शोध कार्य भी हुआ है।

'झिलमिल तारे' कविता संग्रह में संकलित कविताएं जहाँ कवियित्री के अपने स्थानीय इलाके के प्राकृतिक नजारों से रूबरू करवाती हैं वहीं नैतिकता, संस्कार, देशप्रेम और बच्चों का ज्ञानवर्धन भी करती हैं। ये कविताएं सहजता से अपने गायन में शामिल की जा सकती हैं। बड़े ही सरल, रोचक और समझ आ जाने वाली भाषा में लिखी कविताएं बच्चों को खूब पसंद आती हैं। इनके दूसरे काव्य संग्रह 'लोकप्रिय बाल कविताएं' में शामिल कविताएं भी अपने सरल, सहज शब्दों के चलते सीख देती हुई अपनी लयात्मकता और गेयता के चलते कंठस्थ करने में सहायक हैं। इसके अलावा 'हिमाचल की लोक कथाएं' पुस्तक में संकलित कथाएं बड़ी रोचक और पारंपरिक हैं। इन्हें विरासत स्वरूप अगली पीढ़ी के लिए सहेजा जा सकता है। 'प्रेरणा के स्वर' पुस्तक विभिन्न प्रेरक प्रसंगों से ओत-प्रोत है।

पुस्तक मेला

लगा शहर में पुस्तक मेला
मैं भर लाई पूरा थैला।
ज्यों-ज्यों पढ़ना किया शुरू
लगने लगी वह अपनी गुरू।

हर विषय का बोध कराया
चुटकुलों में कितना हँसाया।
महापुरुषों की पढ़ी कहानी
पढ़ी वीरांगनाओं की कुर्बानी।

बच्चों के साहस की गाथा
पहेलियों से चकराया माथा।
चित्र देखकर हुई हैरान
कितनी शान, कितना ज्ञान।

जब-जब मैंने हिम्मत हारी
पुस्तकों ने नैया पार उतारी।
इनको बना लो अपना साथी
मंगाओ किताबें लिखो पाती।

गर्मी आई

गर्मी आई गर्मी आई
पी लो बैठ के जरा ठंडाई।
मुश्किल कर दिया इसने जीना
अभी नहाए अभी पसीना।

पंखे का ज्यों बटन दबाया
उसने घर्र-घर्र नाच दिखाया।

भारी लगता अब बिछौना
भाए जाकर छत पर सोना।

कपड़े भी सूती बनवाए
फिर भी रहते हम गरमाए।
ठंडी हवा को हम तरसे
कब पड़े फुहारें, बूंदें बरसें।

खाने को न करता मन
छा जाओ न काले घन।
बरसो-बरसो धरती पर आओ
गर्मी से तुम हमें बचाओ।

फूल पौधे भी झुलस रहे
पानी को तरस रहे।
पढ़ने को नहीं करता मन
छा जाओ न काले घन।

बरसो वर्षा कहना मान
तभी आएगी देह में जान।

नानी की सीख

मेरी प्यारी-प्यारी नानी
मुझे सुनाती है कहानी।
लोरी गा-गा मुझे सुलाए
मेरे मन को यह बहलाए।

मुँह में दाँत न कोई होते
हँसते रहते नाती-पोते।
चांदी जैसे उनके बाल

पिचक गए हैं दोनों गाल।
मुँह में डाले रहे सुपारी
मेरी नानी प्यारी-प्यारी।

पूजा करती रोज नहाती
तुलसी को पानी दे आती।
राम-राम ही जपती जाए
धर्म-कर्म गें दिल लगाए।
बीजी उसने एक फुलवारी
मेरी नानी प्यारी-प्यारी।

मुझसे बोले- "क्यों रे बेटी"
छुट्टियां काटे लेटी-लेटी
सब बच्चों को पास बैठाती
उनको अच्छी सीख सिखाती।

मत डरो

कभी किसी से मत डरो
अच्छे-अच्छे काम करो।

जब-जब तुम डर जाओगे
शक्तिहीन हो जाओगे।

काम तुम्हारे आगे जो है
उसे नहीं कर पाओगे।

उदासी मुख पर वास करेगी
आकर तुम्हारा ह्रास हरेगी।

नहीं करते जब काम बुरे
फिर क्यों रहते डरे-डरे?

कृष्णा ठाकुर

पता: पुराना बाजार, चौगान, मकान नम्बर 143/11, डाकघर-पुराना बाजार, सुन्दरनगर, जिला-मण्डी (हि.प्र.)-175019
मो.: 9418801882
ईमेल: krishna_sargam2@rediffmail.com

जानी-मानी लोक गायिका कृष्णा ठाकुर जी भी बाल साहित्य लेखन में बराबर रुचि रखती हैं। इनका जन्म 3 मार्च, 1975 को प्राकृतिक सौंदर्य से लबरेज कुल्लू जिला के फोजल में हुआ है। कृष्णा की बाल साहित्य की अभी कोई पुस्तक प्रकाशित नहीं है लेकिन कृष्णा बाल कविता, गीत (हिंदी और पहाड़ी दोनों में), बाल लघु कथाएं और नाटक में सृजनरत है। कृष्णा जी की बाल कविताएं विभिन्न बाल पत्र-पत्रिकाओं में प्रकाशित होती रहती हैं।

कृष्णा जी बच्चों के मध्य कार्य करते हुए उन्हें कविता, कहानी, नाटक, एकांकी के जरिए प्रोत्साहित और जागरूक करती हैं। इस माध्यम से कृष्णा जी बच्चों को बाल साहित्य पढ़ने और रचने के लिए तैयार भी करती हैं। पूर्व में हिमाचल प्रारंभिक शिक्षा निदेशालय के अंतर्गत प्रकाशित बाल पत्रिका 'अक्कड़-बक्कड़' के संपादन में भी कृष्णा जी ने विशेष सहयोग दिया है।

खरीफ की क्यारी

देखो देखो माँ की क्यारी।
मुझे है लगती कितनी प्यारी।।
भिंडी टमाटर लगी है मिर्ची।
खीरे की बेलें आड़ी तिरछी।।
कचाळू के पत्ते छतरी बराबर।
बारिश काँपे इस पे थराथर।।
एक बूंद न टिकने देता।
गिर पड़ने के मजे है लेता।।
बेलों में लटके घिए करेले।
सब्जियों के तो लगे हैं मेले।।
कद्दू बेचारा न हिलता-ढुलता।
रोज का रोज है जाए फुलता।।
भिंडी फलियां करेले इतराते।
मोटू कहकर उसे चिढ़ाते।।
हम तो भर-भर पानी देते।
भीगने के भी मजे हैं लेते।।
मिलकर करते निराई-गुड़ाई।
देखो कैसे क्यारी लहलहाई।।
फूलों से सजी है चारों ओर।
मेरी खुशी का ओर न छोर।।
ताजी हरी सब्जियां हम खाते।
दावतें जायकेदार उड़ाते।।

सुबह हुई है

सुबह हुई है उठो जागो,
आँखे खोलो दौड़ो भागो।
राह की चिड़िया तुम्हें बुलाए,
तुम बैठे हो क्यों सुस्ताए।

सुबह हुई है उठो जागो,
आँखे खोलो दौड़ो भागो।

प्यारे पौधे बुला रहे हैं,
नाच-नाच के दिखा रहे हैं।
ठण्डी हवा से नहा रहे हैं,
पत्तों की पतंगें उड़ा रहे हैं।
सुबह हुई है उठो जागो,
आँखे खोलो दौड़ो भागो।

गाड़ियों का भी शोर नहीं है,
मन पे किसी का जोर नहीं है।
झरनों की कलकल बुला रही है,
मस्ती के झूले झुला रही है।
सुबह हुई है उठो जागो,
आँखे खोलो दौड़ो भागो।

बिस्तर छोड़ो नींद को तोड़ो,
सूर्य भी उग आया है।
उठकर देखो बाहर का मौसम,
उजाले ने सबको नहलाया है।
सुबह हुई है उठो जागो,
आँखे खोलो दौड़ो भागो।

छुट्टियाँ

उड़ती तितली खबर लाई है,
गर्मियों की छुट्टियाँ आई हैं।
मस्ती की अब बना लो स्कीम,
गुड़िया, राजू और सलीम।।

मजा लेंगे बरसात का,
चिंटियों की बारात का।

रस्सी टप्पा खूब खेलेंगे,
मम्मी संग रोटियाँ बेलेंगे।।

फूलों के पौधे लगाएँगे,
घर आँगन महकाएँगे।
कागज की नाव बनाएँगे,
नहर–नहर में भगाएँगे।।

दादा हमको पींग झुलाएँ,
दादी मीठे पकवान खिलाएँ।
घराट का एक मॉडल बनाएँ,
छुट्टियों के वैज्ञानिक कहलाएँ।।

कुछ मस्ती नानी के घर,
वहाँ नहीं किसी का डर।
खीर खाएँगे पेट भर भर,
देखेंगे झरना बहता झर–झर।।

मामू संग दोस्ती लगाएँगे,
सेब के बगीचे हो आएँगे।
अनार के मुँह में दाँत गिनाएँगे,
खुमानी की चटनी बनाएँगे।।

नानी कहानियाँ सुनाएँगी,
परियों सी बतियाएँगी।
चंदा मामा को बुलाएँगी,
गा गा लोरियाँ सुलाएँगी।।

मामराज शर्मा

पताः गाँव-बागा, डा. मेहन्दोबाग, तहसील-पच्छाद, जिला-सिरमौर (हि.प्र.) 173024
मो.: 8219151837
ईमेलः sharmamamraj252@gmail.com

धान और आम की खेती के लिए उपयुक्त सिरमौर जिला के गाँव चाकली में 10 अप्रैल, 1966 को जन्में मामराज शर्मा जी बाल साहित्य में कविता व कहानी लेखन में विशेष रुचि रखते हैं। इनकी रचनाएँ देशभर की पत्र-पत्रिकाओं में प्रकाशित होती रहती हैं।

इनका एक बाल कहानी संग्रह 'अरुणिमा' शीर्षक से प्रकाशनाधीन है। इस पुस्तक के माध्यम से मामराज जी अपनी दिवंगत बिटिया को स्मरण करना चाहते हैं जो मात्र डेढ़ वर्ष की अल्पायु में ही इस नश्वर संसार को छोड़कर चली गई थी। अरुणिमा मामराज जी के सूर्य की वह पहली किरण है जिसने उन्हें साहित्य सर्जना का पथ दिखलाया। संग्रह की इन कहानियों में पाठक पर्यावरणीय संवेदना, वैज्ञानिक अभिवृति, कल्पना तथा सामाजिक सरोकारों की संवेदना से रुबरु होंगे। कुछ कहानियों का मूल कथ्य, लघुता की महत्ता को उद्घाटित करता है। 'वृक्ष का महान त्याग' नामक कहानी परोपकार के लिए स्वयं के उत्सर्ग की भावना को प्रतिपादित करता है। संग्रह में पाठक को रोचक बाल कहानियाँ पढ़ने को मिलेंगी।

सबसे बड़ा है कौन

घड़ी की तीनों सुई हमेशा
रहती थीं मिल जुलकर
चलती रहती अपने पथ पर
वे आलस को तजकर।
एक दिवस किसी बात पर
सेकंड की सुई रूठी
उसने चलना छोड़ा
गुमसुम होकर बैठी।

सेकंड की सुई बोली तनकर
सबसे हूँ अच्छी वर्कर
मैं रहती हूँ आगे सबसे
घर हो चाहे दफ्तर।

उसकी भौंहे तनी देखकर
मिनट की सुई भड़की
बोली–नहीं फर्क पड़ता है
तुम रुकती या चलती।

मिनट और सेकंड की सुई
की बक–बक को सुनकर
घंटे वाली सुई तैश में,
बोली कुछ झुंझलाकर।

मेरे बिना औकात तुम्हारी
कोई भी न पूछे
मेरे बिना समय पंगु है
तुम दरजे की दूजे।
तीनों लड़ती रही आपस में
किया नहीं कुछ काम
चलना–फिरना छोड़–छाड़कर
करने लगी आराम।

घड़ी को चलता न देखकर
पापा से मम्मी बोली
इसे कबाड़ी को दे आओ
लाना नई नवेली।
घड़ी कबाड़ी की खोली में
जा पहुँची कचरे में
लगी सुबकने तीनों सुइयां
सुलह-सफाई करने।

तभी अलार्म जाग उठा
बोला कुछ संयत होकर
तीनों में है बड़ा न कोई
तुमने खाई ठोकर।

तीनों में फिर हुई एकता
निकली अपने पथ पर
इस जग में हैं कद्र उसी की
जो काम करेगा जमकर।

सफलता का राज

बुझा-बुझा सा मुँह लटकाए
नीटू गुमसुम बैठा था
समय से उठना समय से पढ़ना
कभी न उसने सीखा था।

पेपर जब सिर पर आए तो
उसके छूटे छक्के
सारा वर्ष न याद किया कुछ
कैसे जल्दी सीखें?

हुआ सवेरा सूरज चमका
आँगन में जा बैठा
लगा पलटने पेज-पेज को
कुछ न उसको सूझा।

उसने देखा नन्ही चींटी
मोटा दाना लेकर
ऊपर चढ़ने की कोशिश में
खा जाती फिर ठोकर।

चींटी का घर था ऊपर
हुआ पहुँचना दुष्कर
बार-बार वह कोशिश करती
गिर जाती गश खाकर।

चींटी ने विश्राम किया कुछ
पूरा जोर लगाया
घर के अंदर पहुँचा दाना
उसने जश्न मनाया।

नीटू की आँखों ने देखा
चींटी का वह साहस
दृढ निश्चय कर मन में उसने
कुछ सोचा, ली राहत।

दिन रात का पता रहा न
खाने की भी सुध न
सभी पड़ गए हैरत में
क्या चमत्कार हुआ था।

जब सालना पेपर आए
नीटू न घबराया
सुपर-डुपर थे पेपर उसके
वह था सब पर छाया।

मेरिट में ले नंबर उसने
सबको किया हैरान
आज बना था हीरो वह जो
था सबसे शैतान।

प्रिंसिपल जी बोले उससे
हमको तुम पर नाज
वह बोला- चींटी से सीखा
मैंने सफलता का राज।

मोतीलाल घई

पताः गाँव व डाकघर-गुरुकोठा, तहसील-बल्ह, जिला-मंडी (हि.प्र.)-175036
मो.: 9418113194 (सुपुत्र)

गुरु गोविन्द सिंह जी के आगमन पर जिला मंडी के एक गाँव का नाम गुरुकोठा पड़ा है। इसी ऐतिहासिक गाँव में 20 अक्तूबर, 1937 को मोतीलाल घई जी का जन्म हुआ है। वे एक शिक्षार्थी रहे हैं। इन्होंने साहित्य की हर विधा में लेखन किया है जिसमें बाल साहित्य भी प्रमुख रूप से शामिल रहा है। बाल साहित्य में इन्होंने कविता, कहानी में लेखन किया है जो देशभर की पत्र-पत्रिकाओं में प्रकाशित होता रहा है। लोक साहित्य में भी इनका बहुत काम है। किन्हीं कारणों से इनकी किसी भी विधा में कोई किताब नहीं आ सकी है। यह बात बहुत दुःख देती है।

हुआ सवेरा

हुआ सवेरा,
सूरज निकला।
मुर्गा बोला,
कुक्कड़ू कूं।
चिड़िया बोली,
चीं चीं चूँ चूँ।
बिस्तर छोड़ो,
उछलो कूदो।
करो स्नान,
ईश ध्यान।
खाओ रोटी,
बाँधो पोथी।
आलस त्यागो,
स्कूल भागो।
छोड़ो लड़ाई,
करो पढ़ाई।

कोयल

आम्र बिटपों के बीच यह कौन,
काली कलूटी-सी बोल रही है।
सपनों की दुनिया में खो गए सभी,
कानों में मिश्री-सी बोल रही है।
बसंत आने पर जब बगिया में,
छा जाती अनोखी बहार।
रंग-बिरंगे पुष्पों पर तब,
कौन लुटा रहा होता अपना प्यार।

जब जब चाहा पकड़ना इसे,
फुर्र से यह उड़ जाती है।
वन निकुंजों में छिपी रहती,
नहीं अपना नीड़ बनाती है।
कहाँ से तूने इतनी मिठास पाई,
बोल बोल री कोयल रानी।
जग को मदहोश कर जाती,
अमृत रस से भीगी बानी।

डॉ. नलिनी विभा 'नाजली'

पताः वार्ड नंबर 4,
पोस्ट-भोटा, जिला-हमीरपुर,
(हि.प्र.) 176041
मो.: 9418304634
ईमेलः nazli.nalini1954@
gmail.com

5 दिसंबर, 1954 को नंगल (पंजाब) में जन्मी डॉ. नलिनी विभा 'नाजली' जी हिमाचल के बाल साहित्य में एक सम्मानजनक स्थान रखती हैं। कई पुरस्कारों से सम्मानित चर्चित गजलकार नलिनी जी बाल साहित्य में बाल कविताएं लिखती हैं। इसके अलावा लेखिका एक बेहतरीन चित्रकार भी हैं। इनके काव्य संग्रह 'अनमोल सच' का पंजाबी तथा उर्दू में अनुवाद हो चुका है और मराठी में इसका अनुवाद किया जा रहा है।

वर्ष 2015 में नलिनी जी के दो बाल काव्य-संग्रह 'अनमोल सच' तथा 'निश्छल बचपन' प्रकाशित हुए हैं। इनकी सबसे बड़ी विशिष्टता यह है कि दोनों बाल संग्रहों की कविताओं के भावानुरूप चित्रण (पेंटिंग्ज) तथा आवरण चित्रांकन भी कवयित्री ने स्वयं ही किया है। इन पुस्तकों का हर पन्ना रंगीन है। अपने चित्ताकर्षक चित्रांकन से अपनी बाल कविताओं को जीवन्त बनाकर प्रस्तुत करने का सफल प्रयास लेखिका ने किया है। इन सहज लयपूर्ण कविताओं में प्राकृतिक सौन्दर्य के साथ उनके संरक्षण का सुन्दर वर्णन किया गया है। ये कविताएं बाल-मनोविज्ञान के यथार्थ की गहरी समझ और बच्चों की दृष्टि से, बच्चों के स्तर पर

जा लिखी गई हैं। विषय-वैविध्य तो ऐसा है कि देश भक्ति हो या 'अपनी भाषा अपना धन', त्योहार पर्व हों या भारत के महापुरुषों का सन्दर्भ हो, किसान, मजदूर हों या शिष्टाचार, सेवा, करुणा, अहिंसा, शान्ति या वाणी की मधुरता, ललित कलाएँ हों या फिर अध्यात्म और दार्शनिकता हर विषय, हर प्रसंग को बड़े ही विवेकपूर्ण ढंग से ऐसे प्रस्तुत किया गया है कि बालमन में गहरे उतर जाए।

उड़ी पतंगें

मेले, पनघट
गाँव की गलियां
बच्चे नटखट
धरे तितलियाँ
खेत में फसलें
पकती फलियाँ
आसमान में
उड़ी पतंगें!

माटी वाले
खेल-खिलौने
भोले-भाले
वह मृग-छौने
रुनझुन परियाँ
स्वप्न सलोने
छोटी खुशियां
बड़ी उमंगें!

सरगम कल-कल
ताल तलैया
पल-पल छल-छल
छपक छैया

कागज वाली
चलती नैया
जल में पत्थर
उठी तरंगे!

छत पर सोना
सादा जीवन
फटा बिछौना
उधड़ी सीवन
शहर की 'लोकल'
भरी खचाखच
हुए अंधेरे
आई सुरंगें!

संगीत

ध्वनि, नाद से बनते हैं स्वर
और स्वर से संगीत
आओ बच्चो! मिलकर गाएँ
इन्हीं सुरों से गीत!

'सा' है जरूरी साँसों जितना
सभी स्वरों का नेता
'रे' से बढ़ती रेल, कि जैसे
नाविक नैय्या खेता।

'गा' से गाना गाकर उत्तम
प्रतियोगिता जीत
स्वर से है संगीत!
'मा' तो माँ जैसा है कोमल
'पा' है पापा जैसा

‘ध’ से हरी–भरी यह धरती
‘नी’ से गगन है नीला
इनके आरोही–अवरोही
राग बनाते मीत
स्वर से है संगीत!

घड़ी है देखो ‘टिक–टिक’ करती
समय की लय समझाती
मात्राओं, बोलों में गूंथकर
यही ताल बन जाती।

‘ना धिन धिन ना’ बोले तबला
लय की स्वर से प्रीत
स्वर से है संगीत!!

सच्चे मित्र

अच्छे मित्र बनाना तुम,
सच्चे मित्र बनाना तुम!

काम विपत्ति में जो आएँ
सुख–दुःख बाँटे, साथ निभाएँ;
ऐसे मित्र बनाना तुम!

थाम लें गिराने वालों को जो
होवें मरहम छालों को जो;
ऐसे मित्र बनाना तुम!

अपना मतलब ही न साधें
छल व कपट से मन न बाँधें;
ऐसे मित्र बनाना तुम!

डॉ. पीयूष गुलेरी

पताः अर्पणा श्री, एच-71,
चीलगाड़ी, धर्मशाला,
जिला-कांगड़ा
(हि.प्र.)-176215
मो.: 9418479613 (सुपुत्र)

14 अप्रैल, 1940 को जिला कांगड़ा के ऐतिहासिक गाँव गुलेर (तत्कालीन पंजाब प्रांत) में जन्में डॉ. पीयूष गुलेरी जी ने जहाँ बड़ों के साहित्य की खूब रचना की वहीं बाल साहित्य में भी इनकी कलम चली है। इन्होने बाल साहित्य आदि अन्य विषयों की गद्य-पद्य विधा में भरपूर लेखन कार्य किया है।

इनकी मृत्यु उपरांत वर्ष 2019 में एक कविता संग्रह 'हमें बुलाती छुक-छुक रेल' का प्रकाशन हुआ है। इस संग्रह में कुल 70 कविताएं हैं। बहुत ही सुन्दरता व सहजता के साथ सभी कविताएं अपना पक्ष रखती हैं। इन कविताओं में जहाँ रिश्ते-नाते, पेड़-पौधों, स्वच्छता, मौसम, जीव-जंतु, देशप्रेम, हिमाचल के सौंदर्य का स्वाद है तो वहीं जीवन मूल्यों की बात को बहुत ही बेहतरी से रखा गया है। ये सभी कविताएं बच्चों को आसानी से समझ में आ जाती हैं। बच्चों के मनोविज्ञान को लेखक ने बहुत ही खूबसूरती के साथ पकड़ा है।

अपनी रेल

आओ बच्चो, खेलें खेल।
हम सब मिल बन जाएँ रेल।।
छुक-छुक, छुक-छुक चलती रेल।
मेल मेल में खेल्लम खेल।।
इंजन रेल का वेनू है।
डिब्बे रेणु मीनू है।।
कुर्ता चोली चंगे हैं।
डिब्बे रंग-बिरंगे हैं।।
जो खाता है बर्फी केक।
वही बनेगा आज ब्रेक।।
सिटी दे दी चालक ने।
अपने भैया बालक ने।।
यह बल खाकर चलती है।
बच्चों का मन छलती है।।
सुंदर प्यारी अपनी रेल।
खेल खेल में होता मेल।।

बच्चे गाएँ

जब-जब अंगना बच्चे गाएँ।
झोली भर-भर खुशियां लाएँ।।

आँगन में बच्चों का होना।
चहक उठा है कोना-कोना।।

खूब हो रहा खेल तमाशा।
बाँट रहे हैं प्यार बताशा।।

मिल-जुलकर आँगन में खेलें।
नए-नए नित पापड़ बेलें।।

कभी खेलते लुका-छिपी।
कू-कू करके मारें झप्पी।।

करते खेल तमाशा नाना।
इनका होना सबने जाना।।

गूंज रही इनकी किलकारी।
फूटे लड्डू, खुश महतारी।।

बरसात सुहानी

आई है बरसात सुहानी,
यह है अपनी जानी-मानी।

गड़-गड़, गुड़-गुड़ गरजे मेघा,
छम-छम, छम-छम बरसा पानी।
धूप-छाँव में वर्षा बरसे,
बच्चे बोले-गीदड़ कानी।।
आई है बरसात सुहानी।

बरसें जो न बादल भैया,
माँगे बच्चे तो गुड़धानी।
बिजली चमके बादल गरजे,
वर्षा याद कराती नानी।।
आई है बरसात सुहानी।

नंग धड़ंगे खूब नहाएँ,
शोर मचाएं-'वर्षा रानी'।

धरती पर हरियाली आई,
वर्षा रानी औढर दानी।।
आई है बरसात सुहानी।

पहन के चड्डी

चहक रहे आँगन में बच्चे।
अच्छे, सुथरे सुच्चे सच्चे।।

प्रेम प्यार से खेल रहे हैं।
कई पापड़ बेल रहे हैं।।

कू-कू, कू-कू करके कूकें।
अपनी बारी से न चूकें।।

कभी खेलते इक्का-दुक्का।
किसी-किसी का लगता तुक्का।।

राजा, पाजा, तीजा, ठुनिया।
बच्चों की है अपनी दुनिया।।

खेल-खेल में शिक्षा पाते।
नव जीवन का मोल बताते।।

कभी खेलते छल-कबड्डी।
नंग धड़ंगें पहन के चड्डी।।

खेल-खेल में मेल बढ़ाएँ।
देश-प्रेम का पाठ पढ़ाएँ।।

राजीव कुमार 'त्रिगर्ती'

पताः गाँव-लंघू,
डाकघर-गांधीग्राम,
तहसील-बैजनाथ,
जिला-कांगड़ा,
(हि.प्र.) 176125
मो.: 9418193024
ईमेलः rajeevtrigarti@gmail.com

युवा लेखक राजीव कुमार 'त्रिगर्ती' जी कवि के रूप में जाने जाते हैं। इनका जन्म 20 जनवरी, 1975 को जिला कांगड़ा के बैजनाथ में हुआ है। राजीव बाल कविताएं, कहानियाँ भी लिखते हैं। देशभर की पत्र-पत्रिकाओं में इनकी बाल रचनाएँ निरंतर प्रकाशित होती रहती हैं।

राजीव जी का बाल कविता संग्रह प्रकाशन की योजना में है। इसमें समाहित कविताएं बालमन के हर कौतूहल, खेल, तितलियों के रंगों की बच्चों के सपनों में उड़ान, भंवरे की गुंजन, कोयल की कूक, चिड़ियों से बातें, मोर के साथ नृत्य आदि तमाम विषयों को छूती कविताएं संकलित रहेंगी। बालमन के हर पक्ष को इस संग्रह में रखा गया है। इन कविताओं में लय, गति और गेयता बनी रखने का प्रयास है ताकि बच्चों तक ये आसानी से पहुँच पाएं।

मामाजी

भोले-भाले मामाजी
पहने तंग पाजामाजी।

मीठे के शौकीन बड़े हैं
खूब जलेबी खाते हैं,
गुस्से में न मामी आए
रबड़ी-चमचम लाते हैं,
थोड़ा मामीजी को देकर
खुद वो खूब उड़ाते हैं,
दंड पेलते सुबह-सवेरे
बन जाते हैं गामाजी।
भोले-भाले मामाजी
पहने तंग पाजामाजी।

एक बार था जाना जयपुर
चले गए थे दिल्लीजी,
घर में सारे मिलकर उनकी
खूब उड़ाते खिल्लीजी,
कहते हैं कि शेर को मारा
डरें देखकर बिल्लीजी,
उनकी न कोई बात सुने तो
करते खूब हंगामाजी।
भोले-भाले मामाजी
पहने तंग पाजामाजी।

बच्चों का देश

उतरो राजा आसमान से
बच्चों का तुम देश बसा दो
रंग दो सभी किताबें आकर
फिर उनके तुम फूल बना दो।
उन फूलों से भरो बगीचे

फिर उनमें तुम प्राण जगा दो।
जितने भी लिखे हैं कागज
दूर हवा में उन्हें उड़ा दो
जादू की तुम फूंक मारकर
बादल उनके आज बना दो।
बरस पड़ें धरती के ऊपर
और नदी में जाकर गाएँ
धीरे-धीरे आगे बढ़कर
सागर में जाकर मिल जाएँ
चाहें भी वे अगर लौटना
फिर भी लौट कभी न पाएँ।
इतना काम करो न राजा
बने अनोखा देश हमारा
बच्चे ही बच्चे हों जिसमें
देश वही हो सबसे न्यारा
तुम भी अपने देश को जाना
काम खत्म जब हो तुम्हारा
राजा वहाँ कोई न होगा
होगी नहीं वहाँ पर रानी
लदे फलों से पेड़ वहाँ हों
झरनों में हो निर्मल पानी
चहके पंछी छाल-डाल पर
कोयल की हो मीठी वाणी
मस्ती में सब बच्चे खेलें
डर का कोई नाम रहे न
ऐसा देश बना दो राजा
लड़ने का कोई काम रहे न
कट्टी तुमसे पास न आना
जो तुमको यह ध्यान रहे न।

चोर सिपाही खेलेंगे

क्या शिमला से लेना हमको,
क्या लेना हमको दिल्ली से।

क्या चूहे से लेना हमको,
क्या लेना हमको बिल्ली से।।

बिल्ली जो पीछा करती है
करने दो हमको क्या लेना।
चूहा जो डर कर भाग रहा,
डरने दो हमको क्या लेना।।

अब बिल्ली को पकड़े चूहा
या चूहे को पकड़े बिल्ली।
जो चूहा बिल में घुस जाए,
उड़ जाए बिल्ली की खिल्ली।।

अब छोड़ो चूहे बिल्ली को,
ये चूहा बिल्ली क्या देंगे।
हम नन्हे-मुन्ने बच्चे हैं,
हम चोर सिपाही खेलेंगे।।

चुनकर तारे लाऊँ

लाल-बैंगनी-हरे गुब्बारे,
नीले-पीले कई गुब्बारे,
रंग-बिरंगे प्यारे-प्यारे
ले लूंगा सारे के सारे।

शाम ढले तो सबसे बचकर
छत पर मैं चढ़ आऊँ,
बाँध कमर में सभी गुब्बारे
चंदा के घर जाऊँ,
रात बिताकर घर लौटूं तो
चुनकर तारे लाऊँ,
जो भी मुझको प्यार करे बस
उसको ही दिखलाऊँ।

राजेंद्र पालमपुरी

पताः सेवानिवृत शिक्षा अधिकारी स्टेट एवार्डी, पोस्ट बॉक्स नंबर 45, मनाली, जिला कुल्लू (हि.प्र.) 175131
मो.: 9805546753 / 9459108673
ईमेलः rajenderpalampurimanali@gmail.com

चाय के बागानों के लिए मशहूर जिला कांगड़ा के पालमपुर में 6 जनवरी, 1955 को लेखक राजेंद्र पालमपुरी जी का जन्म हुआ है। राजेंद्र पालमपुरी जी एक शिक्षा अधिकारी के पद से सेवानिवृत्त हुए हैं। इन्होंने मुख्यतः बाल कविताओं को रचा है। प्रदेश के प्रारंभिक शिक्षा निदेशालय द्वारा संचालित बाल मासिक पत्रिका 'अक्कड़-बक्कड़' में पालमपुरी जी ने साहित्यिक राज्य सलाहकार के रूप में कार्य किया है। 'अक्कड़-बक्कड़' के हर अंक के अलावा विभिन्न पत्र-पत्रिकाओं में इनकी बाल कविताएं प्रकाशित होती रही हैं। इनकी बाल कविताएं व अन्य रचनाएँ हिमाचल के पाठ्यक्रम में भी शामिल हुई हैं।

इनका बाल कविता संग्रह 'बालमन' प्रकाशन की प्रक्रिया में है। इस संग्रह में जंगली जानवरों, पशु-पक्षियों, फल, सब्जियों, यातायात के साधन, दैनिक नियमों, कक्षा-कक्ष की आवश्यक शिक्षण अधिगम सामग्री और गुरुजनों-अभिभावकों के मान-सम्मान में शिक्षात्मक आदि अनेकों कविताएं शामिल की गई हैं। बाल साहित्य के अनुरूप विभिन्न प्रकाशित आलेखों पर आधारित पुस्तक का प्रकाशन भी विचाराधीन है।

स्वभाव

मिरची बोली हलवाई से मुझे जलेबी देना।
खा बैठूंगी जब मैं इसको तब तुम पैसे लेना।

स्वाद जलेबी का ले बैठी तब मिरची यों बोली।
भैया तुमने बाट से अपने कम जलेबी तोली।

हलवाई ने सुनकर यह सब गुस्से से मुँह खोला।
जिसका हो स्वभाव ही तीखा वह कब मीठा बोला।

समझें हम समझाएँ हम

आलू गोभी चले बाजार।
हुआ टमाटर झट तैयार।

मूली थैला लेकर आई।
बोली प्लास्टिक बन्द है भाई।।

हमने जब है कहीं भी जाना।
अपने बैग में सौदा लाना।

क्यों न समझें वक्त पुराना।
वातावरण है स्वच्छ बनाना।।

आओ प्लास्टिक दूर भगाएँ।
खुद समझें सबको समझाएँ।।

गुणी करेला

इक दिन बिगड़ा खूब करेला।
लग गया आजू बाजू मेला।।

भिंडी पूछे अरे हुआ क्या।
गुस्से में हो क्यों रे भैया।।

कद्दू मुझको कड़वा कहता।
मैं ना बात किसी की सहता।

यह सुनकर घीया आ धमका।
कद्दू पर वह खूब यों चमका।।

क्यों रे मोटू समझ ना आवे।
यही करेला रोग भगावे।।

फिर कद्दू ने माँगी माफी।
चलो हुआ इतना ही काफी।।

हँसते गाते चले वह सारे।
मिलजुल कर वह सड़क किनारे।।

स्वाद सभी के अपने अपने।
मीठे कड़वे जैसे सपने।।

नन्हीं चींटी

नन्हीं चींटी करे सवारी।
हाथी बोला बड़ी है भारी।।

नीचे उतरो छोटी बहना।
फिर ना सिर पर चढ़कर कहना।।

चींटी थोड़ा सा मुस्काई।
सूंड सहारे नीचे आई।।

बोली कहना कभी ना छोटी।
छोटी, बड़ी मुसीबत होती।।

जो ना जल्दी करे उपाय।
चिंगारी से घर जल जाए।।

मेंढकी का जुकाम

मेंढक टर-टर करता बोला।
क्यों ना दरवाजा है खोला।।

कहे मेंढकी हुआ जुकाम।
लेती दवा होता आराम।।

बोला मेंढक तो वह बोली।
मैं कहूँ आ रही है होली।।

दुल्हन हूँ क्या बाहर जाती?
क्या लोगों को मुँह दिखलाती?

सब कहते हैं कौन छछूंदर।
रहते सदा कुएं के अंदर।।

इसीलिए हूँ कहता यार।
बाहर निकल देखो संसार।।

रामप्रसाद शर्मा 'प्रसाद'

पता: गाँव व डाकघर-सिहाल,
तहसील-फतेहपुर,
जिला-कांगड़ा,
(हि.प्र.) 176053
मो.: 8988035833

जिला कांगड़ा के महाराणा प्रताप बाँध के समीप बसे गाँव सिहाल में 15 दिसंबर, 1946 को वरिष्ठ साहित्यकार रामप्रसाद शर्मा 'प्रसाद' जी का जन्म हुआ है। इन्होंने बाल साहित्य बहुतायत में लिखा है। इनकी मुख्य रुचि बाल कविता व कहानी लेखन में है। नंदन पत्रिका की कहानी लेखन प्रतियोगिता में इनकी कहानी 'जैसा अन्न वैसा मन' पुरस्कृत हुई है।

राम प्रसाद शर्मा जी की पुस्तकों में 'स्मृति कलश' लघु एवं प्रेरक कथा संग्रह है। यह बाल साहित्य की एक अनोखी पुस्तक है। इसमें शामिल प्रत्येक कथा का संबंध किसी न किसी महापुरुष, देशभक्त व समाज सुधारक से जुड़ा हुआ है। पुस्तक 'बोध कलश' बोधकथा संग्रह है। बच्चों के बौद्धिक व मानसिक विकास के लिए ये कथाएं बड़ी उपयोगी हैं। ये कथाएं आध्यात्मिक शांति व सद्‌बुद्धि प्रदान करने वाली हैं। पुस्तक 'अमृत कलश' बाल कविता संग्रह है। सरल व सहज भाषा में लिखी यह रोचक पुस्तक है। इसके अलावा 'बाल बावनी' 52 दोहों में लिखी बाल साहित्य की एक बेहतर पुस्तक है। 'बाल चालीसा' चालीसा की तर्ज पर लिखा गया एक सुंदर व रोचक चालीसा है जिसमें बाल सुलभ चेष्टाओं का वर्णन है। 'बाल बत्तीसी' बाल

मनोविज्ञान को आधार बनाकर लिखी गई एक लम्बी कविता है। साथ ही 'बाल पचीसी' 25 पदों में लिखी गई कविता पुस्तक है।

माँ के गीत

माँ के गीत बड़े सुहाने।
जन-जन इसके भाव को जाने।।
आरती-वंदना इनमें मिलती।
सुन हृदय कली भी खिलती।।
सुरीले कंठ से माँ जब गाए।
सबका ही वह मन हर्षाए।।
इनमें है सरल शीशु-मुस्कान।
इनमें तो है भाव प्रधान।।
'प्रसाद' इनमें लोक झलकता।
मानो अमृत-रस टपकता।।

चींटी और मेहनत

छोटा-सा तन है इसका,
धीमी है इसकी चाल।
कभी नहीं थकती यह,
मेहनत करे बड़ी कमाल।।

मेहनत करे बड़ी कमाल,
अपने काम से रखे काम।
निठल्ले बैठे रहना,
सचमुच इसके लिए हराम।।
नहीं इसके पास छीना झपटी,
मेहनत करके खाती है।
सुबह से लेकर सायंकाल तक,

मेहनत इसको भाती है।।
बच्चो! बात लाख टके की,
तुम भी सुनते जाओ।
चींटी बनकर जीना सीखो,
मेहनत से न जी चुराओ।।

दादी अम्मा

दादी अम्मा बड़ी सियानी।
नित सुनाती नई कहानी।।
दौड़े-दौड़े सुनने आते।
उसके पोतियां-पोते।।
कहते हमारा मन बहलाओ।
दादी अम्मा कथा सुनाओ।।
दादी अम्मा खुशी मनाती।
पोपले मुँह कथा सुनाती।।
परियों की बात बताती।
सैर स्वर्ग की कराती।।
कभी बागों में पहुँचाती।
मिठाइयों के नाम बताती।।
मुँह में पानी भर आता।
खाने को मन ललचाता।।
बिन खाए मजा उड़ाते।
सैर स्वर्ग की कर आते।।
पूरी होती जब कहानी।
ओझल होते राजा-रानी।।
दादी अम्मा बड़ी सियानी।
नित सुनाती नई कहानी।।

माँ की बात

मुझे अंतस बोध कराए माँ।
बसंत समीर भी बहाए माँ।।
भ्रम बंधन का खोले द्वार।
ब्रह्मा को भी करे साकार।।
ज्ञान पारस है माँ के पास।
उचित-अनुचित का कराए भास।।
सूरज जैसी ऊर्जा लाती।
सरित सिंधु-सा मेल कराती।।
'प्रसाद' माँ की क्या है बात।
सहती हृदय शत-आघात।।

रमेश चंद्र शर्मा

पताः सेवानिवृत आई.ए.एस., टकसाल हाउस, छोटा शिमला, शिमला-171002
दूरभाषः 0177-2621199

सोलन जिला का एक खूबसूरत और ऐतिहासिक गाँव है टकसाल। वरिष्ठ लेखक रमेश चंद्र शर्मा जी का जन्म इसी गाँव में 21 मार्च, 1929 को हुआ है। बाल साहित्य में इनकी विशेष रुचि बाल गीतों में है। इनकी बड़ों की कहानियों में भी बच्चे बराबर शामिल रहते हैं।

बाल साहित्य विधा में इनकी पुस्तक 'प्राथमिक शिशुगान' का प्रकाशन हुआ है। 16 पृष्ठों की इस छोटी-सी पुस्तक में कुल चार शिशुगीत यथा 'पंद्रह अगस्त', 'दादा-दादी नाना-नानी', 'बरसात' और 'तब ताली बजती है' शीर्षक से संकलित हैं। शिशुओं के लिए लिखे ये बहुत सुंदर गीत हैं। इनकी गेयता के कारण ये बच्चों को बहुत पसंद आते हैं। रमेश जी आजकल अपने बाल उपन्यास पर कार्य कर रहे हैं।

दादा-दादी नाना-नानी

दादा-दादी दादा-दादी
स्वागत है आओ, आ जाओ
आप दोनों ने आकर यहाँ
जलसे की शान बढ़ा दी
दादा-दादी दादा-दादी।

प्यार और ममता का यह संगम
परिवार हमारा पूरा तुम संग
हुआ यह क्या जो तुम बूढ़े हो
तुम्हारे इरादे हैं फौलादी
दादा-दादी दादा-दादी।

वेलकम वेलकम आओ पधारो
प्यार दुलार से गले लगा लो
तुम बिन दुनिया है बेगानी
नाना-नानी नाना-नानी।

खेल खिलौने देने वाले
लोरी कथा सुनाने वाले
सुलाने वाले, खिलाने वाले
तुम्हारा कोई और नहीं है सानी
नाना-नानी नाना-नानी।

बरसात

बरसात में बरखा बरसे रिमझिम
रिमझिम रिमझिम रिमझिम रिमझिम।

छत आँगन में स्वर सरगम से
तबला बाजे जैसे धिन धिन
रिमझिम रिमझिम रिमझिम रिमझिम।

धूप छाँव संग ये मौसम
वर्षा लाए लगभग हर दिन
रिमझिम रिमझिम रिमझिम रिमझिम।

नदी नाले दरिया चढ़ते हैं
बाढ उतरती घड़ियां गिन गिन
रिमझिम रिमझिम रिमझिम रिमझिम।

बाँध टूट जाए पानी के
मेघों के पट खुलते सिम-सिम
रिमझिम रिमझिम रिमझिम रिमझिम।

पतझड़ में दिन खुल जाते हैं
रात में तारे करते टिम टिम
रिमझिम रिमझिम रिमझिम रिमझिम।

तब नहीं होती यह हरियाली
सूखे लगते पेड़ पत्तों बिन
रिमझिम रिमझिम रिमझिम रिमझिम।

रतन चंद 'रत्नेश'

पताः कोठी नं. 213-ओ, विक्टोरिया एन्क्लेव, भबात रोड, जीरकपुर-140603, पंजाब
मो.: 9417573357
ईमेलः ratnesh1859@gmail.com

वर्तमान में चंडीगढ़ में निवास और 20 अगस्त, 1958 को हुगली (पश्चिम बंगाल) में जन्में मूलतः हिमाचल के बाल साहित्यकार रतन चंद 'रत्नेश' जी की रुचि बड़ों के साहित्य (लघुकथा, कहानी, अनुवाद) के साथ बाल साहित्य में बाल गीत और बाल कहानी को लेकर है। इनकी रचनाएँ विभिन्न पत्र-पत्रिकाओं में प्रकाशित होती रहती हैं।

इनका एक बाल गीत संग्रह 'बचपन' के नाम से है जो ई-बुक के रूप में उपलब्ध है। यह पुस्तक pratilipi.com नामक वेबसाइट पर उपलब्ध है। बच्चों की दस कविताओं को इन्होंने स्वयं डिजाइन करके इस ई-बुक में रखा है। यों तो रत्नेश जी ने लगभग सौ बालगीत तथा पच्चीस बाल-कहानियाँ लिखी हैं और सब पत्र -पत्रिकाओं में प्रकाशित हैं। परन्तु पुस्तक रूप में नहीं है। प्रतिलिपि की इस वेबसाइट पर इन दस बालगीतों का यह संकलन पाठकों द्वारा बहुत पसंद किया गया है। ये कविताएँ सुन्दर रंगीन चित्रकारी के कारण बच्चों को भी खूब भाती हैं।

चुनमुन चूहा

पहने स्वेटर और पतलून
चुनमुन चूहा अफलातून
बड़ी शान से जा रहे थे
सौदा लाने देहरादून
राह में मिल गई बिल्ली मौसी
सिट्टी-पिट्टी हो गई गुम
उल्टे पाँव कहते भागे
भाड़ में जाए तेल और नून।

चिड़िया

सुबह-सुबह आती है चिड़िया
किरणों को संग लाती चिड़िया
घर आँगन में उतर उतरकर
फुदक-फुदक कर गाती चिड़िया।

दाना-तिनका चुगकर लाती
मेहनत से जी न चुराती चिड़िया
घर की मुंडेरों और पेड़ों पर
सुंदर घर सजाती चिड़िया।

कोमल पंखों को फड़फड़ाती
आसमान में उड़ जाती चिड़िया
संध्या की लाली जब उतरे
लौट नीड़ को आती चिड़िया।

जंगल का अखबार

जंगल से निकला अखबार
कुल मिलाकर पन्ने चार
भालू है इसका संपादक

आठ बंदर बने पत्रकार
पहला पन्ना फिल्मी है
हीरो-हीरोइनों की भरमार
दूसरे पन्ने पर है फैशन
बिल्ली आँख रही है मार
तीसरे पन्ने पर जंगल की खबरें
गीदड़ के हुए बच्चे चार
कौवे के घोंसले से निकली
तांबे की एक मोटी तार
अंत भरा है विज्ञापन से
हाथी बेच रहा है कार
शेर सारे कर रहे हैं
लोन देने का कारोबार।

धूप

आ गई धूप
छा गई धूप
गीत बैसाखी
गा गई धूप।
गेहूँ पकते
सोना दिखते
दूर खेतों तक
छा गई धूप।
सूरज चमके
दम दम दमके
अंधेरे को खा गई धूप।
कपड़े बदले
बदला रूप
बूढ़े तन को
भा गई धूप।

अन्य बाल रचनाकार

इसके अलावा हिमाचल के और भी रचनाकारों ने बालोपयोगी साहित्य रचा है, जिसमें चंबा जिला से संबंध रखने वाले अशोक दर्द जी भी शामिल हैं। इनका जन्म 23 अप्रैल, 1966 को घट गाँव में हुआ है। अशोक दर्द बाल कविता और कहानी लेखन में रुचि रखते हैं। डॉ. आशु फुल्ल जी पालमपुर से हैं और इनकी रुचि भी बाल साहित्य में है। इस रुचि के चलते इन्होंने बालोपयोगी पुस्तक 'हिमाचल की लोक कथाएं' का संकलन व संपादन किया है। जिला मंडी से संबंध रखने वाले 4 मार्च, 1947 को जन्में डॉ. धर्मपाल कपूर जी ने भी बाल साहित्य में रचनाकर्म किया है। इनकी किताबें 'बच्चों का संसार' और 'किलकारी' प्रमुख हैं। कांगड़ा जिले से संबंध रखने वाले हरिकृष्ण मुरारी जी का बालोपयोगी साहित्य में लेखन, मुख्यत: बाल कहानी में है। इनकी पुस्तक 'मीठी यादें' (कहानी संग्रह) में लोक कथाओं से प्रेरित कहानियाँ शामिल हैं। इनकी एक अन्य लोककथा की पुस्तक (पहाड़ी में) प्रकाशनाधीन है। हिमाचल के जिला मंडी के हजरो (तत्कालिक पंजाब) में 17 नवंबर, 1943 को जन्में कमल के 'प्यासा' जी ने अपने लेखन के शुरुआती दौर में बाल साहित्य के अंतर्गत कविता, कहानी और नाटक लिखे हैं। इनकी एक बाल रचना हिमाचल स्कूल बोर्ड के पाठ्यक्रम में भी शामिल हो चुकी है। 2 मार्च, 1961 को जिला चंबा के गाँव सरुंडा में जन्में डॉ. कर्म सिंह जी ने भी बालोपयोगी रचनाओं का सृजन किया है। इनकी पुस्तक 'महापुरुषों के प्रेरक प्रसंग' बालमन में सकारात्मक दृष्टिकोण पैदा करती है। 1929 को जिला मंडी में जन्में कृष्ण कुमार सिंह 'नूतन' जी ने भी बाल साहित्य सृजन किया है। 'पंखड़ियां' नाम से उनकी कविताओं की पुस्तक प्रकाशित हुई है। 17 मई, 1946 को गुरदासपुर (पंजाब) में जन्मी कृष्णा शर्मा जी की रुचि भी बाल साहित्य लेखन में कविताओं को लेकर है। प्रसिद्ध साहित्यकार व राजनेता लाल चंद प्रार्थी जी का जन्म जिला कुल्लू

के नगगर में 3 अप्रैल, 1916 को हुआ है। उन्होंने 'बाल रामायण' पुस्तक लिखी है। 18 दिसंबर, 1928 को कुल्लू की लगवैली के सांघन गाँव में जन्में मौलूराम ठाकुर जी की बालोपयोगी साहित्य के अंतर्गत 'मनोरंजक पहाड़ी लोक कथाएं' पुस्तक प्रकाशित है। लंबे समय से लेखन में रमे ओमप्रकाश सारस्वत जी ने बड़ों के साहित्य संग बाल साहित्य में भी अपना रचनाकर्म किया है। 15 मई, 1945 को जिला कांगड़ा के गाँव मलेहड़ में जन्में ओमप्रकाश जी ने बाल लेखन में कविता, नाटक पर कार्य किया है। इनकी बाल रचनाएँ हिमाचल के स्कूली पाठ्यक्रम में भी शामिल हुई हैं। 'लक्ष्मी की डिबिया' (बाल नाटक संग्रह) और 'संपादक चिड़िया' (बाल कविता संग्रह) अभी प्रेस में है। ओ. पी. सौंधी जी जिला कुल्लू में प्राध्यापक के पद पर कार्यरत रहे हैं। इनकी बाल साहित्य पर एक पुस्तक 'सिपाही चाचा' के नाम से प्रकाशित है। बिलासपुर में 13 जनवरी, 1958 को जन्में लेखक प्रदीप गुप्ता जी बड़ों के साहित्य लेखन के साथ बाल लेखन में विशेषकर कहानी, कविता निरंतर लिखते हैं। बाल साहित्य की अभी तक कोई पुस्तक प्रकाशन में नहीं है। 7 अक्तूबर, 1954 को जिला सोलन के समलोह में जन्में डॉ. प्रेम लाल गौतम 'विद्यार्थी' जी एक वरिष्ठ साहित्यकार हैं। बड़ों के साहित्य के साथ-साथ बाल साहित्य में इनकी विशेष रुचि है। प्रेम सागर कालिया जी का जन्म 5 अप्रैल, 1940 को सियालकोट (अब पाकिस्तान में) में हुआ है। बाल साहित्य में इन्होंने भी अपनी कलम चलाई है। दूरदर्शन और आकाशवाणी से कई बाल रचनाएँ प्रसारित हुई हैं। बाल साहित्य की इनकी किताबें अभी प्रकाशनाधीन हैं। डॉ. शम्मी शर्मा जी का जन्म 16 जून, 1929 को कांगड़ा जिला के गाँव सेराथाना में हुआ है। शम्मी जी जहाँ हिमाचल प्रदेश स्कूल शिक्षा बोर्ड के प्रथम पाठ्यक्रम निर्माण के सदस्य रहे वहीं 'पंजाब के पर्वतीय प्रदेश' नामक इनकी बालोपयोगी इतिहास तथा संस्कृति की पुस्तक है। जिला कांगड़ा के फतेहपुर में 16 जून, 1933 को जन्में संसार चन्द 'प्रभाकर' जी ने जहाँ बड़ों के साहित्य (पहाड़ी और हिन्दी में) में बहुत कार्य किया है वहीं बाल साहित्य में मुख्यत: बाल कविता में इनका लेखन है। बाल कविताओं की इनकी एक पुस्तक भी प्रकाशित हुई है। एक अन्य वरिष्ठ लेखक हैं शशिकांत शास्त्री जी। इनका जन्म 7 अगस्त, 1949 को जिला मंडी के धनीरी में हुआ है। इन्होंने बाल साहित्य में बाल कविता और

गीतों की रचना के साथ बच्चों को बाल नाटकों के माध्यम से मंच प्रदान करवाया है। इनकी 'सतनाजा' नाम से एकांकी संग्रह तथा 'काठ की घोड़ी' नाम से लोक कथा संग्रह प्रकाशित है। इन्होंने बच्चों के लिए प्रेरक प्रसंग भी लिखे हैं। 9 अगस्त, 1935 को जिला कांगड़ा के गाँव घुग्घर में जन्मी सुदर्शन डोगरा जी ने जहाँ बड़ों के साहित्य में हिंदी और पहाड़ी में कार्य किया है वहीं बालोपयोगी साहित्य में भी इनका कार्य रहा है। इनकी एक पुस्तक 'बाल लोककथाएं' शीर्षक से प्रकाशित है। जिला कांगड़ा में वर्ष 1939 को जन्में यशवीर धर्माणी जी ने बाल साहित्य में बाल कविता और कहानियाँ रची हैं। 'चिकने घड़े' इनका बाल कहानी संग्रह है। इसके अलावा अशोक सरीन, डॉ. बंशी राम, कर्मचंद श्रमिक, केशव चंद्र, किशोरी लाल वैद्य, कुलदीप चंदेल, नरेन्द्र अरुण, प्रकाश चंद, आर.के. वशिष्ठ, राजकुमार शर्मा, रामकृष्ण कौशल, श्रीनिवास जोशी, विद्यानिधि छावड़ा, मुरारी शर्मा, दीपक कुल्लवी, विनोद ध्रब्याल राही, मनोज शिव आदि साहित्यकारों ने भी बाल साहित्य पर अपनी कलम चलाई है।

डायमंड बुक्स
नवीनतम साहित्य
लखिमा की आँखें
भारती का सपूत
लोई का ताना
यशोधरा जीत गई
देवकी का बेटा
रत्ना की बात
कब तक पुकारूँ
पत्रकार गाँधी
गांधी और अंबेडकर
खोल कर देखो
इश्क मोहब्बत और प्यार
ज्योतिष प्रकाश का विज्ञान
मनस्विनी
स्पर्श हिमालय
हिमालय में टैगोर और गीतांजलि
हरि अनन्त हरि कथा अनन्ता
डायमंड बुक्स
X-30, ओखला इंडस्ट्रियल एरिया, फेज-II नई दिल्ली-110020 फोन :011-40712200
ई-मेल : sales@dpb.in Shop online at www.diamondbook.in